다시는 —— 그전으로
돌아가지 않을 것이다

다시는 ___ 그전으로 돌아가지 않을 것이다

진화하는 페미니즘

권김현영 지음

진화하는 영혼, 진화하는 페미니즘

고등학교에 특강을 갔다. 질의응답 시간에 한 남학생이 손을 들었다. "페미들은 남성혐오가 없다고 하던데 한남이란 말은 남성혐오 아닌가요?" 장내는 묘할 정도로 조용해졌다. "통상 남성 중심 사회에서 남성혐오는 구조적으로 성립하기 어렵지만, 상황은 변할 수 있고 맥락상 의미가 달라지기도 합니다. 어떤 경우에 한남이라는 말을 쓰던가요?" 그러자 그런 건 생각해본 적 없다며 "있다/없다" 둘 중 하나로 말해달라고 했다. 아무래도 나는 누군가의 손을 들어주는 역할을 부여받은 모양이었다. 나중에 알고 보니 강사의 입장이 편향되었을 거라고 우려한 일부 학생이 이미 강의 전에 민원을 제기했다고 한다.

우리 사회가 의견 차이를 대하는 방식이 이와 비슷하다는 생각이 들었다. 찬성과 반대라는 두 선택지만을 두고 각 입장을 대변하는 전문가를 줄 세워 진영의 힘을 키워나가는 식. 하지만 이건 진영을 만들 만한 세력을 가진 이들이나 취할 수 있는 싸움 전략이다. 내가 둘 중 하나를 고르면 그다음에는 다른 쪽을 고를 사람을 불러올 것이다. 이런 싸움의 목표는 권력 자체를 획득하는 데 있다. 그런데 그건 권력에 저항하는 게 아니라 투항하는 게 아닌가. 나는 이미 판이 깔린 상황에서 그들이 원하는 방식으로 답하지 않기로 했다. 페미니즘의 목표는 권력을 남성으로부터 '탈환'하는 데 있는 게 아니라, 권력에서 폭력을 제거하고 권력의 의미를 바꾸는 데 있다. 그리고 내 생각에 페미니스트는 답이 없는 두 선택지에서 억지로 답을 고르는 게 아니라 선택지를 늘리거나 질문 자체를 바꾸는 사람이다.

나는 왜 둘 중 하나로 말할 수 없는지 이렇게 설명했다. 여성혐오misogyny는 단순히 여성을 싫어하는 게 아니라 여성을 숭배하거나 멸시하는 행위를 모두 포함한다. 즉 '타자화他者化'가 핵심이다. 그러므로 남성혐오가 여성혐오와 같은 방식으로 존재하려면 세 가지가 성립해야 한다. 첫째, 여성에 대한 성차별이 없어야 한다. 둘째, 이성애 중심적인 여성동성同性사회가 존재해야 한다. 셋째, 남성을 성적 대상으로서 타자화하는 문화가 지배적이어야 한다. 여기까지 들으면 남성혐오는 불가능하다는 말로 들릴 것이다. (집단으로서의) 남성이 여전히 사회 전반에서 유리한 위치에 있는 한국에서 '한남'이라는 말은 소수자나 약자를 공격하는 의미에서의 혐오발언이라기보다는, 성차별에 저항하는 대항발화counter-speech일 가능성이 더 높다. 하지만 만약 북미나 유럽에 여행 간 한국 남성에게 그곳에 사는 백인 여성이 이 말을 했다면 어떨까. 이런 상황에서 한남이라는 말은 아시아 남성에 대한 인종차별에 기반한 혐오발언이 될 수 있다. 그렇다면 해외에 체류 중인 한국인 여성이 다른 나라 남성과 한국 남성을 비교하며 한남이라는 표현을 썼다면 어떨까. 정답은 없다. 어디에서 누구와 함께 어떻게 말했느냐에 따라 답이 달라질 것이다.

또 다른 질문을 해보자. 대항발화라면 혐오발언이 아니니까 괜찮은 걸까. 한남이라는 말에 이렇게 반발이 심한데 대항발화로 충분히 역할을 하는지 살펴봐야 하지 않을까. 결론부터 말하면 나는 대항발화로서 한남이라는 단어는 효과와 당위 모든 면에서 실패라고 생각한다. 행위를 중심으로 혐오표현을 만들면 그 행위를 규제하는 효과가 생기지만, 해당 집단의 정체성 자체를 멸시하여 지칭하면 반동만 강해진다. 된장녀, 맘충 등 여성에 대한 멸칭은 대부분 특정 행동에 대한 비난으로부터 시작했다. 여성들은 이런 말을 듣지 않으려고 '개념녀'가 되거나 '데이트 통장'을 만들고, 노키즈존을 피해 키즈 카페를 이용했다. 실제로 멸칭의 지시 대상이 되지 않기 위해 행동했다. 이는 여성을 통제하는 효과로 이어졌을 뿐만 아니라, 멸칭이 '그런 행동을 하지 않는 나'와는 무관하다고 생각해서 거리를 둔 결과 그것이 여성혐오라는 것을 인지하는 데 더 많은 시간이 걸렸다.

그러나 '한남'이라는 표현은 즉각적으로 남성혐오라는 반응을 불러일으킬 뿐만 아니라 특정 행동을 명확하게 지칭하지 않는 말이기 때문에 행동을 규제하는 효과를 기대할 수 없다. 그냥 가만히 있어도 한남이 된다면, 한남이 되지 않기 위해 노력할 이유도 없어진다. 또한 한남이라는 말은 한국 남자 '전체'를 지칭하므로 남성 연대를 약화시키기는커녕 더욱 강화한다. 그런 면에서 한남은 남성혐오의 말이고, 대항발화로서도 긍정적이지 않다. 내가 이렇게 설명을 해도 그 학생은 "제가 아는 페미는 남성혐오는 없다고 하던데요. 도대체 있다는 거예요, 없다는 거예요?"라고 선택을 강요했다. 그는 자신이 내민 선택지 바깥의 세계가 있다는 사실을 아주 적극적으로 모르고자 하는 것처럼 보였다.

◊

권교정의 만화 《제멋대로 함선 디오티마》에는 이런 이야기가 나온다. 달에서 와서 월인月人으로 불리는 소년의 할아버지는 영혼을 알아보는 능력이 있다. 소년은 할아버지의 말을 떠올린다. "할아버지는 진화하고 있는 영혼을 보았다고 했어요. 그 영혼은 여성이었고 그런 사람, 그런 여성은 처음이었다고. 거침없이 앞으로 나아가는 것에 주저가 없는 사람이었다고." 진화하는 영혼, 이토록 매혹적인 표현이라니. 진화하는 영혼을 지닌 주인공 준 함장은 전생을 기억하는 사람이다. 고대 그리스 시대부터 우주 함선이 다니는 21세기까지 윤회를 거듭하며 살아가고 있다. 불과 20대에 커다란 우주 함선의 함장으로 발탁되었지만 그렇게까지 유능해 보이지 않고, 아름다운 외모를 가졌으나 자신의 외모에 관심을 두지 않는다. 죽음의 순간들을 생생하게 기억하며 현재도 아파할 정도로 취약해 보이지만, 인류의 한계에 머무르지 않고 시간의 유한함을 넘어 자신의 눈으로 세계의 이치를 알고 싶다고 생각할 정도로 강인하다. 진화하는 영혼을 지닌 준 함장은 내가 지금까지 보아온 어떤 인물보다도 큰 스케일의 꿈을 꾼다. 나도 그처럼 강해지는 것을 두려워하지 않고 약함을 인정하는 사람이고 싶었다. 단지 알고자 하는 목적 하나로 세상을 살아갈 수 있는 사람이고 싶었다. 선택지 바깥의 아름다움을 발견해내고 세상을 새롭게 발명해내는 사람이고 싶었다. 그리고 나에게 그런 사람에 가장 가까운 이름은 바로 페미니스트였다.

나에게 페미니스트란 차별과 폭력을 경험한 사람이 아니라 자신의 경험을 해석할 수 있는 언어를 가진 사람, 알고자 하는 의지를 포기하지 않는 사람이다. 페미니스트는 올바름의 이름이 아니라 무엇이 옳은지를 질문하는 사람이라고 생각한다. 그러자 페미니즘의 이름을 지켜야 한다는 생각에서 좀 자유로워졌다. 솔직히 말하자면 나는 언제나 20년 전의 내가 실수한 자리를 삭제하고 싶었다. 10년 전의 내가 잘못된 판단을 했던 걸 모른 척하고 싶었다. 1년 전의 내가 관성에 젖었다는 걸 인정하고 싶지 않았다. 하지만 이 모두를 지워버리면 다시 같은 자리에서 같은 질문을 받게 되리라는 걸 안다.

페미니즘은 늘 쓸모를 증명하라는 요구를 받는다. 여성을 둘러싼 현실은 지겨울 정도로 비슷한 문제에 부딪히고 있으므로 페미니즘의 유용성을 인정받기 위한 가장 간단한 방법은 피해 증거를 수집해 보여주는 것이다. 하지만 그 결과 여성은 진화하지 않는 존재처럼 그려졌다. 하지만 지난 100년간 여성의 삶은 어떤 사회 혁명보다도 놀라운 수준으로 변화했다. 페미니즘은 이렇게 변화한 여성의 궤적을 담아내는 그릇이어야지, 몇몇 예외적인 여성의 영웅담만을 기억하는 도구가 아니다. 이 책에는 그 과정이, 생각의 여정이 담겨 있다. 어떤 이야기는 흑역사이고 어떤 건 특정한 상황에서만 의미 있는 기록이다. 이런 흔적들을 남겨둔 것은 진화하고 싶기 때문이다. 페미니즘은 지금까지 몇 번이나 '대부흥기'를 맞이했다. 그럴 때마다 새롭게 등장한 페미니스트는 자신이 유사 이래 첫 번째 페미니스트라고 주장했다. 1990년대 말에 나 역시 그랬다. 지금은 그런 식의 사고방식이 여성의 역사를 지우고 선별하여 똑같은 논쟁을 반복하게 하고, 필요한 논의로 나아가지 못하게 한다는 걸 안다.

◇

이 책은 2003~2019년까지 여러 매체에 기고한 글을 모은 것이다. 글을 정리하고 개고하면서 몇 가지 사실을 새삼스럽게 깨달았다. 대략 2009년부터 페미니즘이 다시 부흥했다고 알려진 2015년까지 5~6년간 글 청탁이 거의 끊겼다. 이는 대부분 매체에서 여성면 자체가 사라진 시기와 일치한다. 1980년대 여성운동의 성장과 함께 각 언론은 생활면과 여성면을 앞다투어 신설했다. 당시 주로 생활면과 여성면에 배치된 여성 기자들은 한국 사회의 성차별 문제를 분석하고 진단하는 기획기사를 쏟아냈다. 1990년대에는 여성에 대한 폭력 문제가 사회적 이슈로 부각되었고, 1995년 베이징에서 제4차여성대회가 열리면서 여성면이 다루는 주제는 더욱 넓어졌다. 2000년대 초에는 각계의 여성 전문가를 비롯해, 20년 전의 나처럼 막 기고를 시작한 20, 30대 여성의 주장도 지면에 실리는 기회가 늘어났다.

이는 그리 오래가지 않았다. 2010년 전후로 여러 매체에서 여성면이 사라지면서 자연스럽게 신문과 방송 등과 멀어졌다. 그리고 그동안 불평등 문제에 대한 대중의 감각이 크게 달라졌다. 그 시기에 일어난 사건을 복기해보았다. 2009년에는 데이트 강간약이라고 알려진 물뽕을 대규모로 수입하여 판매한 업자 76명이 검거되었고, 언론사 간부에게 성상납을 강요받았다는 문서를 남기고 사망한 고 장자연 씨 사건이 있었다. 2010년에는 검사들의 대규모 성접대 사건이 크게 보도되었다. 프로라이프pro-life의사회가 사장되었던 낙태죄를 다시 꺼내 여성의 재생산권을 위협한 것도 같은 해였다.

그러나 이런 사건들은 개별 사건 사고로 흩어졌고, 무려 10년이 지난 지금에서야 여성의 삶에 어떤 영향을 미쳤는지 알려지는 중이다. 그러니까 더 이상 구조적 성차별은 존재하지 않고 잔존한 차별은 개별적 차이로 극복 가능한 것처럼 보였지만, 없어진 것은 성차별이 아니라 성차별이 있다고 말하는 목소리들이었다. 그 목소리조차 점차 사라지면서 실제로 여성들이 실종되었다.

페미니즘이 다시 부흥하기 직전인 2013년 1학기, 한 여자대학 강의실에 들어갔을 때 본 장면을 잊을 수 없다. 여학생들은 단 한 명의 예외도 없이 긴 머리였다. 남학생들은 학교를 불문하고 일베와 나무위키를 베낀 과제를 제출했다. 예술대학에 다니던 한 여학생은 자신에게 일어난 일을 상담하고 싶다고 약속을 잡았다가 세 번이나 취소한 후, 자신의 말을 누군가 들을까 봐 두렵다고 했다. 이른바 명문대 남학생들은 성차별이 옛날이야기라고 목소리를 높이며, 역대 최고 수준의 '스펙'이지만 왠지 취업은 잘 안 되는 여학생들을 노골적으로 경계했다.

2015년 이후 여성 대중이 페미니스트 선언을 통해 고사 직전의 페미니즘을 되살려낸 것은 그래서 필연이었지만 다시 생각해도 기적 같은 일이다. 그리고 이제 5년여의 시간이 흘렀다. 지난 몇 년간 주변 페미니스트들은 모두 과로에 시달렸고 한 번도 경험한 적 없는 시간을 보냈다. 이전에도 페미니스트들 사이에 이견은 있었지만 지금 같은 형태였던 적은 없었다. 평등은 차이를 무시하기 위한 수사로 사용되었고, 자유는 전례 없이 모욕당했고, 혐오는 새로운 무기가 되었다. 역사는 쌓이기도 전에 크고 작은 실수가 밝혀지면 즉각 삭제되었다. 비판적 사고와 권력에 대한 저항을 자리 뺏기 싸움이나 내부 갈등으로 치환하고, 상대의 절멸이라는 불가능한 목표를 세우고 자기 편을 모으는 걸 운동이라고 착각하는 이들도 곳곳에 나타났다. 놀랍고 아픈 일이었다. 하지만 요즘은 그런 생각을 한다. 내가 나로 사는 한 결코 알 수 없는 세계가 있다. 그리고 살기 위해선 내가 아닌 것에 의존할 수밖에 없다. 독립적으로 살고 싶지만 혼자는 싫고, 나를 억압하는 것들이 나를 살게 하기도 하며, 자유는 언제나 위험을 담고 있다. 정답은 없다. 하지만 페미니즘은 언제나 모순과 역설 속에서 어떻게든 길을 찾아냈다. 이 책은 그 길에서 만난 사람들, 알게 된 것들에 대한 기록이다.

◇

공동 저서가 쌓이기 시작하자 가까운 사람들로부터 단독 저서는 언제 낼 거냐는 잔소리와 구박을 들었다. 그때마다 나는 기획하고 공동 작업을 하는 게 페미니스트 지식 생산의 방식으로서 의미 있지 않냐고 대답했다. 진심이었다. 하지만 흠 잡히고 싶지 않아 피했던 것도 사실이다. 페미니스트로 살면서 목소리를 낸다는 건 인신공격에 계속 노출된다는 것을 의미한다. 그래서일까, 좀 더 내딛어보고 싶은 순간에도 지나치게 오래 망설였던 적이 종종 있다. 이런 태도 때문에 비판을 통해 성장하는 기회도 스스로 닫아버린 건 아닐까. 딱 그 한 발을 내딛어보자고 생각했다. 문 앞에서 열까 말까 아무리 오래 고민해봤자 결과는 아무도 모른다. 그런 점에서 이 책은 스스로에게 보내는 응원이기도 하다.

원고 더미를 선별해 일목요연한 목차로 정리해준 휴머니스트 편집부에 감사드린다. 40대 중반이 되어서 사회성이 발달하고 성격이 순해졌다고 스스로 착각할 만큼 준비 작업은 순탄했다. 책이 나오기까지의 과정에서 어려움이 없었던 건 전적으로 편집자들의 능력과 성품 덕분이다. 책 제목과 표지, 구성 등에 대해 조언해준 혜은, 경지, 지리산의 페미나 언니들과 언니 김경림에게도 감사드린다. 무엇보다 정리된 초고를 처음으로 읽고 "재밌다"고 해준 한채윤이 없었다면 이 책을 출간할 용기를 끝내 못 냈을지도 모른다. 이 책에 실린 글에 대한 책임은 온전히 나의 몫이지만 어떤 지식도 계보 없이, 대화 없이 등장할 수 없다는 걸 잊지 않고 있다. 페미니즘은 가장 관습적인 사고방식에 대항하는 가장 비관습적인 세계관이라는 걸 가르쳐준 김은실 선생님과 익숙한 것으로 돌아가고자 할 때마다 질문하고 개입하며 정신을 들게 해준 정희진과 김주희, 다른 미래를 함께 상상해온 동료이자 친구인 시타, 노미, 성지에게 고맙다는 인사를 전한다. 그리고 기대도 걱정도 딱 적당하게 해주신 어머니와 아버지 덕에 자유롭게 내 마음대로 살아가도 된다는 용기를 얻었다. 다시는 그전으로 돌아가지 않을 수 있게 된 건, 이 모두의 덕분이다. 이 책이 누군가에게 용기로서 닿을 수 있다면 더 바랄 것이 없겠다.

2019년 10월

권김현영

차례

2장 ◦ 우리는 쓰고 또 쓰는 수밖에 없다

3장 ◦ 피해와 가해의 디스토피아

5장 ◦ 여자는 무엇이든 될 수 있다

1장

나는 내가 누구인지 말하지 않기로 했다

눈을 마주치고 난 후

20년 전의 일이다. S는 내가 처음으로 알게 된 트랜스여성이다. 페미니즘 모임에 나타난 S는 짧은 머리카락, 화장기 없는 얼굴에 바지 차림이었다. S는 자신을 여성이라 소개했고, 여자를 좋아한다고 했다. 나는 S의 존재가 낯설었다. 어느 날 S와 잘 지내던 A가 S에게 고백을 받았다며 고민을 털어놓았을 때, 나는 기어이 이런 말을 했다. "나는 걔 좀 불편하더라." 언젠가 S가 치마를 입고 왔다. 손톱에는 매니큐어를 하고 있었다. 그것도 마음에 들지 않았다. S는 계속 모임에 나왔지만 가깝게 지낸 사람은 소수였다. S를 불편해하는 사람이 점점 늘어났다. 낯섦은 불편함이 되고, 불편함은 슬며시 경계심이라는 이름으로 바뀌었다. 감정의 이름이 바뀌면서 숨겨둔 속내가 드러나기 시작했다. S 때문에 남자의 신체를 극도로 경계하는 누군가가 모임에 들어오지 못한다면 그 또한 공정하지 못한 것 아니냐는 목소리도 나왔다. 하지만 이미 함께하고 있는 사람의 면전에서 문을 닫는 결정이 그렇게 쉽게 이루어지지는 않았다.

그러던 어느 날, 나는 석사논문 인터뷰를 위해 S에게 만나자고 했다. 논문 주제가 병역의무의 성별정치학이었는데, 보충 인터뷰로 군대가 강요하는 남성문화에서 트랜스여성인 S가 어떻게 살아왔는지에 대해 듣고 싶었다. 인터뷰를 수락한 S는 그날도 치마를 입고 나왔다. 인터뷰를 다 마치고 S는 나에게 이렇게 말했다. "네가 만나자고 전화해서 놀랐어. 네가 나를 동료로 생각하지 않고, 나를 여자라고 인정하지 않는 것도 알아. 그래서 오늘 치마를 입고 왔어. 내가 치마를 입을 때마다 아버지는 나를 때리고, 지하철에서는 사람들이 나를 쳐다봐. 그래도 나는 치마를 입고 나왔어. 그런데 너는 나에게 군대에 대해 묻는구나." 나는 서둘러 S에게 네가 남자라고 생각한 게 아니며, 인터뷰 대상에는 여군도 있다고 말했다. S는 사과를 듣자고 꺼낸 말이 아니었다며 고개를 저었다. S는 그저 자신의 생각을 말하고 싶었을 뿐이라며, 자신과 인터뷰한 내용을 꼭 논문에 넣으라고 당부했다.

그때 처음 나는 S의 눈을 정면으로 바라봤다. 거기에는 누가 뭐라고 해도 자기 자신으로 사는 걸 포기한 적이 없는 사람만이 가질 수 있는 단호함이 있었다. 내 앞에는 자기 자신이 되기 위해 고군분투해온 여성이 있었다. 그제야 지난 몇 달간의 내 행동들이 태엽이 감기듯 다시 배치되었다. 나는 잘 모르겠다고 말하면서도 아무것도 S에게 직접 묻지 않았다. A가 S의 고백을 부담스러워했던 건 A가 다른 사람을 좋아했기 때문이었다. 나는 나의 불편함을 정당한 감정으로 만들기 위해 사실에 편견을 계속 덧붙이고 있었다.

심지어 이미 모임을 함께하고 있는 S를 앞에 두고 미래의 누군가가 이 모임에 함께하고자 할 때 S의 존재 때문에 불편해할지도 모른다는 생각을 입 밖으로 꺼내면서도, 그것이 바로 배제라는 걸 알지 못했다. 무리 지어 흉보는 걸 비판의식이라고 착각했다. 성별 이분법에 갇힌 건 S가 아니라 나였다. 내가 생각하고 행한 것은 전형적인 트랜스혐오였다. S와 처음으로 눈이 마주친 순간을 아마 앞으로도 영원히 잊지 못할 것이다. 모든 운동과 이념이 특권을 성찰하지 않는 순간 억압의 일부가 된다는 사실을 나는 그때 배웠다. 다시는 그전으로 돌아가지 않을 것이다.

나는 내가 누구인지 말하지 않기로 했다

2017년 7월 14일 밤, 서울시청 앞 광장 야외무대에 여섯 명이 올라갔다. 퀴어문화축제 홍보대사들이었다. 이들은 자신을 모델, 사진작가, 배우, 유튜버, 크리에이터라고 소개한 다음, 자신의 커밍아웃 이야기를 말하기 시작했다. 상근은 10년 전 모두에게 커밍아웃을 하며 '오픈리 게이'로 살기 시작했지만 그것으로 모든 문제가 해결되지는 않았다고 담담하게 이야기했고, 사진작가이자 모델인 나비는 번번이 검열당해버린 자신의 수많은 커밍아웃을 애도하며 그 자리에서 다시 자신은 레즈비언이라고 밝혔다.

마지막으로 마이크를 잡은 배우 권기하의 말이 오래 기억에 남는다. 그는 몇 편의 퀴어영화에 출연했다는 이유로 "너 혹시 게이니?"라는 질문을 종종 받아왔다고 했다. 호의적으로 그런 질문을 던진 사람은 "그냥 인권 개념이 좀 있을 뿐 게이는 아니"라는 말을 듣고 싶어했고, 악의적인 사람은 멸시와 호기심으로 그런 질문을 한다 했다. 그다음 이어진 말이 인상적이었다. 그는 앞으로 평생 이런 질문에 답하지 않기로 결심했다고 말했다. 나는 내가 누구인지에 대해 말하지 않기로 했다니, 세상에 '내'가 누구인지를 드러내는 커밍아웃과 세상에 '재'가 누구인지를 폭로하는 아웃팅으로 양분되어 있던 세계에서 좀처럼 듣기 어려운 선언이 아닌가.

커밍아웃 정치학은 여전히 중요하지만, 당사자가 만들지 않는 범주로 자신을 설명하고 때로는 모욕까지 하는 질문에 답하는 것이 과연 개인적으로도 정치적으로도 의미 있는 일일까. 그런 질문에 대한 대답은 과연 누구를 안심시키는가. 때로는 대답하지 않는 것이 윤리적이고 정치적인 선택일 수 있다. 나는 가끔 결혼했느냐, 아이는 있느냐는 질문을 받곤 하는데, 대체 내가 뭐라고 답할 줄 알고 그런 질문을 하는지 되묻곤 한다. "제가 여러분의 예상을 뛰어넘는 대답을 하면 그 대답을 들을 준비는 되셨고요?" 하면 물어본 사람들은 매우 당황한다. 일부러 당황하게 하려던 건 아니다. 진짜 궁금하기 때문이다. 세상에는 정말 많은 사람이 아주 다양한 방식으로 살아간다. 하지만 저런 질문을 하는 사람들의 머릿속에는 그런 경우의 수가 단 하나도 준비되어 있지 않은 것 같다.

정체성의 정치가 신자유주의와 만나 다양성의 목록 하나를 더하는 식으로 축소된 요즘, 진정한 불온세력은 어디에도 속하지 않지만 무엇이든 될 수 있는 사람들이라는 생각이 든다. 이영 감독의 다큐멘터리 영화 〈불온한 당신〉의 주인공 이묵이 바로 이런 사람 중 한 명이다. 이묵은 자기 자신으로 살았을 뿐인데 종북 게이 운운하는 혐오세력에 의해 낙인찍힌 존재가 되었다. 하지만 사실 이묵은 불리는 이름 그 무엇에도 완전히 들어맞는 사람이 아니다. 관객은 이묵이 트랜스젠더, 동성애자, 레즈비언, 인터섹스 등의 이름 중 어디에 속하는지 끝내 알 수 없다. 우리의 인식 체계를 '불안'하게 만들었기 때문에 그는 끝내 '불온'한 존재가 된 것이다. 그렇다면 그와 함께 자신의 이름을 끝내 말하지 않는 불온세력이 되어보면 어떨까.

달리기 시합

초등학교 5학년, 전학 첫날의 일이다. 쉬는 시간이 되자마자 반 아이들은 통과의례처럼 내게 이런저런 것들을 물었다. 쏟아지는 질문 속에서 단연 귀에 들어온 건 100미터 달리기 기록이었다. 당시 그 학교에서 달리기 시합이 한창 유행인 모양이었다. 나는 당시 막 과체중으로 진입 중이라 작고 통통한 체격이었지만, 100미터 달리기는 14초대, 전 학교에서 여자 최고 기록을 보유하고 있었다. 기록을 말해주자 호의적이던 아이들의 태도가 갑자기 바뀌었다. 아무래도 믿을 수 없다는 눈치였다. "진짜야. 항상 계주 주자로 나갔다고." "그럼 증명해봐. 내일 종례 후 시합이다." 그렇게 전학 온 첫 주 내내 나는 이틀에 한 번꼴로 운동장을 뛰었다. 세 번째 경기에는 구경꾼이 확연하게 늘었다. 그때부터는 전학생인 내 실력을 검증하기 위한 목적이 아니라 5학년 여학생 중 달리기 최강자를 결정하는 분위기로 달아올랐다.

달리기는 항상 좋아했으니까, 이걸로 새로운 학교에 적응할 수 있다면 얼마든지 뛰겠다는 마음으로 나는 얼른 수업이 끝나기를 기다렸다. 생각해보면 눈치가 없어도 너무 없었다. 세 번째 경기를 이기고 나자, 전학생에게 이렇게 꺾일 수는 없다고 생각했던 아이들 사이에 어떤 이름이 계속 언급되었다. 아마도 반 최고의 실력자인 듯했다. 하지만 지목된 아이는 단호히 거부했다. "싫다고 했잖아. 다른 반 남자애들도 잔뜩 구경 온다며." 그 아이는 정말 싫은 모양이었다. 나는 그저 어깨를 으쓱할 뿐이었다. "싫다면 할 수 없지. 그런데 남자애들이 구경 오는 건 왜 싫은데?" 그런 데 꽤 둔했던 나는 물었다. 의외의 대답이 돌아왔다. "놀린단 말야." "응? 왜?" "가슴이 흔들린다고 놀린다고!" 생각지도 못한 답을 듣고 조금 멍해졌다. 정확히 무슨 뜻인지 이해가 가지 않았다. 반 아이들도 더는 권유할 수 없다고 생각했는지 물러났고, 나는 마지막 한 경기만을 남겨두었다. 운동장 100미터 달리기 스타트라인에 섰다. 지금까지 중 가장 많은 아이가 구경하기 위해 남아 있었다. 시작 신호와 동시에 힘껏 달려 절반을 지나고, 나머지 절반을 지났다. 이제 거의 결승선을 남겨둔 상태에서 아이들의 얼굴이 또렷하게 보였다. 그중 몇 명의 얼굴에는 웃음기가 잔뜩 어려 있었다.

그때 갑자기 가슴이 흔들린다고 놀린다던 그 아이의 말이 생각났고 그전까지는 있는 것조차 의식하지 못한 내 가슴이 세차게 흔들리는 게 느껴졌다. 웃고 있는 아이들이 모두 가슴 이야기를 하는 것 같았다. 흔들리는 가슴을 아무도 보지 못하게 하려고 손으로 티셔츠를 잡아 늘리는 사이 상대는 이미 결승점을 지났다. 그날 이후로 나는 또래보다 큰 편인 가슴을 동여맬 수 있는 방법을 찾기 위해 골몰했고, 그러다 보니 점점 달리기 자체를 즐길 수 없게 되었다. 여자의 몸으로 체육활동에 참여할 때 겪는 어려움이 나만의 경험은 아닐 것이다. 당시 나를 멈추게 한 건 흔들리는 가슴이 아니라 가슴을 바라보는 시선이었음을 알게 된 것은 아주 나중이었다. 여성의 몸은 '아직도' 전쟁터다. 다만 달라진 점이 있다면 여성들이 점점 포기나 극복보다는 저항과 연대를 선택하고 있다는 점이다. 부디 여자들의 '달리기'가 멈추지 않기를. 위대하고 용감한 싸움을 시작한 여자 선수들과 함께.[1]

부모 성을 함께 쓰는 이유

사람들에게 처음 이름을 말하면 세 번에 한 번꼴로 이런 질문을 받았다. "권김현영과 박이윤재가 결혼하면 아이 성은 박이권김 네 글자가 되나요?" 성이 길어지는 걸 걱정하는 분이 생각보다 많아 좀 놀랄 정도였는데, 그럴 때는 실제 사례를 예로 들어 이렇게 설명했다. "조한지영과 전영록이 결혼해서 두 아이가 태어났어요. 자신도 부모성함께쓰기를 하고 싶다고 생각한 아들은 아버지의 부계성과 어머니의 모계성을 따라 자신을 전한지훈으로 부른대요. 딸은 어머니의 모계성과 아버지의 부계성으로 성을 만들어 조전미영이고요."

그러면 그렇게 복잡해서 등록은 어떻게 하는지 궁금해하는 분들이 있다. 우선 큰 오해부터 풀자. 애초에 부모성함께쓰기운동의 목적은 부모 성을 공동으로 등록하자는 게 아니었다. 1997년 3월 8일 여성대회에서 이이효재 선생님을 비롯한 170여 명의 여성계 인사들이 부모성함께쓰기운동에 동참하며 호주제 철폐를 외쳤다. "호주제, 그거 사실 유명무실하고 상징일 뿐이다"라며 호주제를 존치하자고 하고 "동성동본금혼 역시 예외조항을 두어 해결할 수 있다"며 동성동본이 혼인하면 유전적 문제가 생긴다며 반대하던 유림들의 주장에 맞서, 매우 단순하고 직관적으로 가족 내 어머니의 위치를 가시화하고자 했던 운동이다. 그러므로 당연히 동성동본금혼 폐지, 호주제 폐지가 운동의 목표였다. 동성동본금혼규정은 1999년에, 호주제는 2005년에 폐지된다. 부모성함께쓰기운동의 목적은 이미 이룬 셈이다.

그럼에도 계속 쓰고 있는 건 엄마 때문이다. "엄마 성도 어차피 외할아버지 성이 아니냐!" 하는 사람도 있는데, 내 이름의 권은 외할머니 성이다. 엄마 성이 아빠와 똑같아서 나는 부모성함께쓰기에 동참하지 못하겠다고 생각하던 참이었는데, 어느 날 엄마가 물으셨다. "여성운동하는 사람들은 부모성함께쓰기를 한다는데 넌 왜 안 쓰니?" "엄마 아빠 성이 똑같아서 김김현영이라고 보내면 사람들이 실수인 줄 알더라고." "그럼 엄마의 엄마 성을 쓰면 되지." 이렇게 되었던 것.

그 성 역시 외할머니의 아버지 성이니 결국 남자 성 아니냐고 하는 사람들이 있다. 흠, 어차피 내가 기억할 수 있는 친족은 엄마와 외할머니까지니 상관없다. 근본을 따져 묻다가 아무것도 안 하느니 지금 내가 할 수 있는 방식으로 모계를 기억하는 것도 충분히 의미 있는 일이다. 물론 그래서 성을 빼고 이름만 쓰는 사람도 있고, 이름을 새로 짓거나 새로운 공동체가 같이 지어준 이름으로 활동하는 페미니스트들도 있다. 나 또한 별명도 있고 활동명도 있는

데 그중 권김현영이라는 이름은 공식적인 자리에서 주로 쓴다. 살면서 불편한 순간도 꽤 있다. 어떤 학술지에는 주민등록상 이름인 김현영으로만 등록할 수 있어 연구실적을 증명하기에 곤란을 겪을 때도 있다. 호주제도 폐지됐는데 부모성함께쓰기 그만할까 하고 생각한 적도 있다. 그래도 계속 쓰고 있는 가장 큰 이유는 엄마가 좋아하시기 때문이다. 엄마는 엄마의 친척들이나 친구들에게 권김의 '권'이 엄마의 엄마 성이라고 설명하면서 꽤나 즐거워하신다. 나에겐 그 이유면 충분하다.

아빠가 나서야 해

아버지에게 '정준영 동영상'(제목이 이거였다고 한다)을 공유한 이는 아버지의 군대 동기 모임에 뒤늦게 합류한 사람이었다. 아버지가 그 링크를 눌렀을 때 마침 옆에 있던 어머니는 크게 화를 내셨다 한다. 아버지는 보려고 한 게 아니라고 그이가 대체 왜 자신에게 보냈는지 모르겠다고 항변했다. 어머니는 보낸 사람에게 그런 거 보내지 말라고 단호하게 말하라고 했다. 나중에 어머니는 나에게 자초지종을 설명했다. 나와 어머니는 입을 모아 아버지에게 그런 거 받고 좋아할 사람으로 취급한 것에 분개해야 하지 않냐는 말씀을 드렸다.

아버지는 빈말이 하나도 없는 사람이다. 적당히 넘어가는 것도 없는 사람이다. 앞에서 적당히 알았다 하고 정작 하지 않을 행동을 무마하려는 사람도 아니다. 그래서 아버지가 그때 망설이던 모습을 보여준 걸 이해한다. 그러지 않았다면 더 말할 기회를 가지지 못했을 것이다. 하지만 아버지가 망설일 정도로, 남성문화 안에서 이런 문제를 제기하는 일은 쉽지 않구나 싶었다.

"아빠. 근데 진짜 '정준영 동영상' 건에 대해 학생들 반응이 좀 달라. 애들은 자기네들이 괜찮다고 생각하던 또래 남자애들이 여자를 이렇게 취급하고 있다는 게 정말 충격인가 봐. 학생들은 화를 내는 게 아니라 우울해하더라고요. 정말 심각한 문제라는 거죠. 그런데 그걸 아버지 또래에서도 공유하고 있는 게, 학생들 입장에서는 어떤 기분일 거 같아요?"

아버지는 그제서야 고개를 끄덕이셨다. 나는 내친김에 조금 더 이야기해보기로 했다. "바른말 잘하고 꼬장꼬장하기로 정평이 나 있는 아빠 같은 사람이 가만히 있는데 누가 나서겠어요. 아빠가 가만있으면 다른 사람도 아빠 핑계를 대면서 입 다물 거야. 그러니까 아빠가 해야 해."

그리고 일주일이 지난 후 들은 이야기는 이렇다. 아버지는 그걸 보낸 사람에게 그런 거 보내지 말라고 했고, 그 사람이 모임 전체의 단톡방이 아니라 개별로 보냈으므로 아마 다른 사람도 그 동영상을 받았을 거라고 생각해 모임의 대표에게도 이 사실을 알렸다고 한다. 그 결과 단톡방에는 공식적으로 그런 동영상 공유하는 행위를 금지한다는 공지가 올라갔다고 한다. 아버지는 그 단톡방에서 자신이 아내와 딸에게 얼마나 혼이 났는지, 그리고 그런 걸 공유하는 건 나쁘고 부끄러운 일이라는 걸 자신이 이번에 제대로 알게 되었다고 구구절절 쓰셨고, 단톡방에는 천 년의 침묵이 흘렀으나 다시는 아무도 그런 짓을 할 수 없을 거라고 했다.

평소에 정의를 외치던 사람들조차 왜 이런 동영상을 공유하는 것에는 별다른 문제의식을 느끼지 않을까. 수치심을 잃었기 때문이다. 수치심을 잃은 인간은 모든 것을 잃은 것이다. 아버지를 움직이게 한 마음은 수치심과 정의감이었다. 수치심은 인간으로서의 품위를 지키게 해주고, 정의감은 더 나은 인간이 되도록 해준다. 둘 중 하나라도 없으면 잘못된 일을 바로잡을 수 있는 용기를 내기 어렵다.

그것은 선의가 아니다

밤 열 시쯤 편의점 앞 현금인출기를 이용하려던 참이었다. 편의점 앞 탁자에 중학생 나이 정도로 보이는 여자 청소년이 혼자 휴대폰을 보며 앉아 있었고, 일행은 편의점 안에서 먹을 것을 사고 있는 듯했다. 옆 탁자에선 중년 남성 두 사람이 맥주를 마시고 있었다. 그중 한 명이 큰 소리로 말을 걸었다. "아저씨들이 맛있는 거 사줄까?" 침묵이 흘렀다. "말을 걸었는데 대답을 안 하네?" 쌔한 느낌의 침묵이 한 번 더 흘렀다. 편의점 안에 있던 일행이 합류하고 난 다음에야 그 여자 청소년은 고개를 들어 아저씨들이 앉아 있는 곳을 봤다. 아저씨들은 눈이 마주치자 캔맥주를 치켜들고 건배하는 시늉을 했다. 내가 있는 쪽으로 작게 쑥덕거리는 소리가 들려왔다. "토할 것 같아." 나도 그랬다. 그나저나 저 말을 듣고 취객이 흥분해 시비를 걸지도 모르니 자리를 뜰 수 없었다. 그때 편의점 건물 위층 학원에서 또래 학생들 십수 명이 나왔고 그중 몇몇이 합류하자 아저씨들은 황급히 자리를 떴다.

집 근처 편의점에서 목격한 이 장면이 내내 마음에 남아 있다.

아무 일도 일어나지 않았지만 어떤 일들이 얼마나 쉽게 일어나는지를 알 수 있었던 장면이었기 때문이다. 어린 학생에게 맛있는 거 사주려고 한 게 뭐가 문제냐고 '선의'라며 이런 행동을 두둔하는 사람이 있을지 모르겠다. 하지만 진짜 선의를 가진 사람들은 이렇게 행동하지 않는다. 상대를 걱정하고 아끼는 마음으로 대하는 사람은 정중하게 행동하고, 조심스럽게 도움이 필요한 상황인지 묻고, 필요 없다고 거절하면 즉각 물러난다. 하지만 저 '아저씨'들은 반말로 무례하게 접근했고 그조차 대답을 듣지 못했다며 금세 언짢음을 표시했다. 이것은 선의가 아니다. 자신이 성별과 나이 위계에서 우위에 있다는 전제 아래 제멋대로 상대를 통제할 수 있다고 생각하는 마음일 뿐이다. 그러니까 바로 언성을 높여 내 말을 무시한다고 항의하는 일이 생기는 것이다.

2019년 8월 23일 서울 지하철 홍대입구역 앞 길거리에서 일본인 여성 ㄱ씨(19세)가 한국인 남성 ㄴ씨(33세)에게 폭행당한 사건이 일어났다. 경찰 조사를 받은 한국인 남성은 말을 걸었는데 거부당해 울컥한 마음에 머리채를 잡았을 뿐 폭행은 아니었다고 항변했다. 하지만 피해자가 공개한 영상에 ㄴ씨가 계속 성큼성큼 따라오며 성적·모욕적 언행과 함께 일본에 대한 증오를 내뱉는 장면이 고스란히 찍혔다. 그러나 이 글에서 언급하려는 건 가해 당사자의 행동이 아니라 그를 대신해서 사과하려고 한 사람들의 '선의'에 대해서이다. 사실 나도 이 사건을 처음 듣고 화나고 부끄럽고 미안했다. 과연 ㄱ씨의 계정에 많은 사람이 같은 한국인으로서 죄송하다는 댓글을 달았다고 한다. 하지만 ㄱ씨가 “한국인들이 왜 사과를 하지?”라고 의아한 표정으로 인터뷰 하는 뉴스를 보고 나서야 ‘대신’ 사과해서는 안 되는 일이라는 것을 깨달을 수 있었다.

사과할 당사자가 아닌 사람들이 가해자를 대신해서 사과한다 해도 피해자는 그 사과를 받을 수 없다. 자신에게 사과하는 이들은 가해 당사자가 아니기 때문이다. 가해자의 행동에 공동의 책임의식을 가지는 것은 매우 중요한 윤리적 실천일 수 있다. 그렇다면 우리가 해야 할 것은 가해자가 제대로 처벌받도록 하고 가해자가 혹시라도 자신의 행동이 반일 정서에 기대 정당화될 거라고 생각했다면 이는 큰 착각이라는 것을 알려주는 일이지, 가해 당사자를 대신해서 사과해서는 안 된다. 그것은 피해자에게 당신은 여기에 속해 있지 않은 사람이라는 것을 알려주고, 가해자를 대신해서 사과할 사람이 이렇게나 많다는 것을 알려줄 뿐 사과 자체를 당도할 수 없게 하기 때문이다. 상대를 얕보거나 배제하면서 자신의 의도는 그렇지 않았다고 선의였다고 변명하지 말자. 선의는 그런 것보다 훨씬 나은 아름다운 감정에 붙여야 할 이름이다.

여자답게 헤어질 수 있는 방법은 없다

경제적 자립과 정서적 독립이 양립하기 어려운 문제라면, 대체 어떻게 살아야 하는 걸까. 여성주의 심리상담가 미리암 그린스팬에 따르면, 독립적이고 자아존중감이 강한 여성일수록 친밀함 속에서 자아가 사라질까 두려워한다고 한다. 우리 사회에서 여성의 정체성은 아내나 어머니, 딸과 같이 타인과의 관계 속에서 형성된다. 여성이 자기 자신에 대해 독립적으로 생각할수록 기존 여성 정체성과 갈등이 생기게 된다. 많은 여성은 직업적 성공을 위해 사적인 관계의 달콤함을 포기하고 싶어 하지 않는다. 그러나 한편으론 가부장제 사회에서 여성과 남성 간의 친밀한 관계가 얼마나 폭력적인지를 경험하면서 타인과의 관계를 '무서워'하게 된다.

친밀한 관계에서 발생하는 폭력에 사법기관이 개입하지 않으려 했던 관행은 비판받아 마땅하다. 심지어 이것이 상식으로 통용되는 상황이었다는 것은 연인과 가족 등 기존 친밀한 관계의 본질에 폭력이 스며들어 있다는 걸 사람들이 이미 알았다는 이야기이기도 하다. 길거리를 지나가다가 여자를 때리는 남자를 말린 적이 종종 있는데, 그럴 때면 둘이 '부부'거나 '연인'이라며 제삼자 개입에 분노하면서 나를 쫓아내서 황망한 적이 있다. 부부나 연인 관계에는 애초에 둘 사이의 육체적인 경계가 없다는 개념이 숨어 있는 것이다.

여성학자 정희진은 영화 〈무간도〉의 의미를 재해석하며, 경계가 없는 것이 바로 지옥이라고 했다. 수 년간 데이트 폭력에 시달리다가 친구까지 전 남자친구의 폭행으로 상해를 입자 그를 고소한 스물일곱 살 A 씨는 "사랑이 이렇게 지옥 같은 건 줄 몰랐다"며 눈물을 쏟아냈다. 나와 너 사이에 경계가 사라지는 경험은 달콤하지만 치명적인 일이다. 법적 정의도 사회윤리도 모두 진공 상태인 둘만의 세상을 만들어내는 것은 낙원일 테지만, 상대에 따라 내 삶의 질이 총체적으로 결정되는 지옥이 되기도 한다. 나는 이 세상을 살아가기 위해 우리가 약속하고 있는 제도에 적응하지 못하는 사람일수록 친밀한 관계 안에 배태되어 있는 부정의와 비윤리성에 마음 깊이 끌리는 것을 자주 봤고, 때로는 나 역시 그렇다. 이런 상태에서는 헤어지는 일을 결심하는 것 자체가 어렵고, 결심을 실행에 옮기는 건 더욱 힘들다.

여자들이 솔직하게 싫다고 말하기 어려운 사회에서 크고 단호하게 "싫다"고 말하는 것은 사회적으로도 의미 있는 일이다. 나는 많은 여성이 자신들의 느낌과 경험에 대해 제삼자의 인정을 구하는 걸 종종 본다. "화날 만하지 않아?" "기분이 나쁜데, 그래도 될까?" "이것도 성폭력이 맞나요?" 타인의 인정 없이 자신의 감정을 존중받은 경험이 드물어서 나오는 반응이다. 여성들이 자신의 여성성을 의심받지도 않고 남성의 남성성을 훼손하지도 않으면서, 문제를 제기하고 분노를 전달하고 의사를 분명히 표현할 수 있는 방법은 '없다'. 많은 여성이 상대를 무서워하거나, 엄마나 생리 핑계를 대면서 자신은 사실 아무런 결정권이 없다고 에둘러 말하는 '여성적'인 태도로 순간순간을 넘긴다. 그래서 나는 기존의 여성적인 태도와는 걸맞지 않은 단호한 태도로 상대방의 행동에 대해 "싫다"고 말하는 여성들의 존재가 소중하다고 생각한다. 헤어짐에는 때로 아무런 이유가 없어도 된다. 여자답게 헤어지는 방법은 없다.

모두의 생명에 대한 예의

강의실에서 매년 낙태에 관해 토론한다. 이때 참고할 새로운 영화가 나왔는지 검토해보는데, 그중 자주 선택하는 영화는 1996년에 개봉한 〈더 월〉이다. 세 편의 옴니버스로 구성된 이 영화는 1952년, 1974년, 1996년 각각 원치 않는 임신을 하게 된 여성들의 이야기를 다룬다. 문제를 구체화하고 동시에 쟁점을 집약하면서 토론을 하기에 제격이다. 〈더 월〉을 보면 낙태죄가 폐지된다 해서 원치 않는 임신을 둘러싼 어려움이 모두 사라지지는 않는다는 걸 알 수 있다. 하지만 낙태가 불법인 상황에서는 이 모든 어려움 자체가 아예 드러나지 않는다. 영화 〈4개월, 3주… 그리고 2일〉은 극심한 낙태금지 정책으로 악명 높았던 차우셰스쿠 루마니아 대통령 재임 시절을 배경으로 한다. 주인공 오틸리아는 친구 가비타를 돕기 위해 함께 불법 낙태시술을 해주는 의사를 찾아간다. 의사는 이미 임신 4개월이 지났다며 이 경우에는 훨씬 더 큰 벌을 받는다는 명목하에 '위험 수당'으로 섹스를 요구한다. 이 영화는 남자들에게 섹스란 과연 무엇인가, 강도 높은 낙태금지 정책은 어떻게 이미 태어난 여성과 아이의 생명을 위협하는가를 보여준다. 당시 루마니아 여성들은 낙태는 물론 피임까지 금지되었고, 아이를 최소 네 명 이상 의무적으로 출산해야 했다. 인구는 급증했지만 국가는 이를 감당할 능력이 없었고, 아이들은 고아원에서 기아 상태에 가깝게 방치되었다.

영화 〈베라 드레이크〉는 책임을 진다는 것의 의미를 되새기게 한다. 주인공 베라는 하층계급 여성들에게 2파운드를 받고 불법 낙태시술을 해준다. 베라는 자신이 임신과 출산에 따른 경제적 비용을 감당할 수 없는 처지에 놓인 이들을 돕는다고 생각한다. 비위생적인 환경에서 비눗물을 이용한 조악한 방법으로 이루어진 시술은 결국 사망 사고로 이어진다. 베라는 자신이 돕고자 한 여성이 자신의 잘못으로 사망했다는 이야기를 듣고 충격을 받고 죄를 인정한다. 하지만 그 여성의 죽음에 대한 책임을 베라에게만 묻는 것은 과연 정의롭고 윤리적인가.

영화 〈24주〉는 임신 중지가 허용된 독일을 배경으로 한다. 주인공 아스트리드는 태중 검사를 통해 태아가 다운증후군이라는 판정을 받는다. 주변에서는 낙태를 권유하지만 아스트리드는 임신을 유지하기로 한다. 하지만 24주에 가까울 때 비로소 태아의 심장에 문제가 있는 것을 알게 되고, 결국 임신을 중단한다. 다운증후군 아이를 돌볼 수 있는 사회경제적 조건, 심장병 아이에게 소요되는 의료 비용과 돌봄노동 강도, 생존 가능성에 대한 의학적 판단 등이 이 결정 전반에 영향을 미쳤을 것이다. 하지만 고뇌에 찬

결정을 하는 아스트리드와 임신 중단을 쉽게 결정하는 익명의 여성을 비교하며 생명에 대한 예의를 운운하는 이들이 가끔 있다.

2019년 4월 9일 MBC 〈100분 토론〉의 주제는 '낙태죄 존폐'였다. 사회자 김지윤 씨는 마무리 멘트로 영화 〈24주〉를 언급하며 '생명에 대한 예의'라는 말을 했다. 나는 이 말이 누구를 향해 있는지 알 수 없다고 생각했다. 지금 우리 사회에 필요한 것은 '이미 태어난 생명에 대한 예의'이다. 루마니아와 독일 사례를 보면 낙태를 금지하는 국가에서는 태어난 생명을 방치하고 여성의 생명을 위협하는 반면, 낙태를 허용하는 국가에서는 오히려 재생산권을 둘러싼 폭넓은 고민이 가능해진 것을 알 수 있다. 이것이야말로 생명을 손에 쥐고 선택을 강요하는 것이 아니라 '모두의 생명'에 대한 예의가 아닐까.

모르는 게 없는 남자들

일회용 생리대가 인체에 유해한지 여부에 대한 논란이 몇 달째다. 얼마 전 식품의약품안전처가 일회용 생리대는 안전하다고 발표하자 관련 기사의 댓글과 페이스북 등에서 생리대 유해성 문제를 제기한 여성단체를 고소고발해야 한다는 위협이 난무했다. 기업의 주가와 전문가의 권위를 걱정하는 목소리는 한껏 고양되었다. 수많은 여성이 물러서지 않고 "내 몸이 증거다"라고 외쳤지만, 과학을 불신하는 반지성주의적 태도라면서 특정 기업과의 연결을 조사해야 한다며 음모론을 펼치는 이들도 적지 않았다.

며칠 후 해당 수치는 입력 오류였고 제품 전부에서 1개 이상의 휘발성유기화합물VOCs이 검출되었다는 사실이 밝혀졌다. 식품의약품안전처는 수치가 잘못 발표된 걸 시인하면서도 시중에 유통되고 있는 생리대는 대부분 안전하다며 지나치게 우려하지 말라고 강조했다. 이번 위해평가에 적용한 VOCs 독성참고치 기준은 국제 표준에도 외부전문가 기준에도 부족함이 없다며, 해당 물질의 잔류로 인해 나오는 문제는 미미하다는 내용의 참고자료도

배포했다. 보건당국에서 취한 다음 조치는 올바른 생리대 사용법에 대한 교육이었다. 생리 중에는 자궁경부가 열려 세균에 감염되기 쉬우므로 각별하게 위생관리를 하라, 통풍이 잘되는 옷을 입어라, 생리대는 2~3시간에 한 번씩 교체하라, 생리 기간 중에는 대중목욕탕이나 수영은 가급적 피하라는 등의 내용이었다. 파업 중인 방송국 뉴스채널이 바통을 이어받았다. 이 부분이 정말 가관이었는데, 방송사 남자 부사장과 화학과 남자 교수가 나와 생리대 유해성 관련 대담을 했다. 이분들이 한 이야기는 여성이라면 대부분 아는 내용이다. 화학과 교수는 조사를 위해 처음으로 일회용 생리대를 뜯어보았다며 생리대 구조를 자세히 설명하고 이것을 착용하는 방법을 질병관리본부가 나서서 가르쳐야 한다는 '전문가 소견'을 발표했다. 일회용 생리대를 1년에 100번쯤 써보면 접착면이 어디인지, 날개는 어떻게 붙여야 하는지, 생리대를 얼마 만에 교체해줘야 하는지 다 안다.

그리고 (한숨 좀 쉬어도 되나) 생리 기간에 공중목욕탕과 수영장을 탐폰도 아니고 생리대를 착용하고 갈 수 있는 방법은 없다. 이 남자 전문가들은 갑작스럽게 사라진 과거 문명의 흔적을 탐구하거나 출처를 알 수 없는 신비한 외계 물질에 대한 이야기처럼 일회용 생리대의 유해성 문제를 다룬다. 그리고 입을 모아 일회용 생리대에 대한 불안심리는 지나치게 과장되었다고 주장한다. 이 모든 일련의 사정을 다큐멘터리로 제작해 미래로 보내고 싶다. 다만 미래의 관객에게 이것은 페이크다큐멘터리가 아니며, 당시에 여자들은 모두 생존해 있었고, 말하고 쓰고 읽을 줄 알며, 남자들과 동등하게 고등교육을 받았던 시절이라는 걸 어떻게 이해시킬 수 있을지는 모르겠다. 보건당국 관료들과 남자 전문가들은 왜 자신이 모르는 것에 대해서도 마이크를 잡은 걸까. 그저 마이크를 잡는 게 너무 익숙해서, 모르는 게 없다고 착각한 나머지 생리대 착용 방법도 가르치려 드는 사태에 이른 것이 아닐까. 다시 강조컨대, 당신들이 이제야 알아낸 건 생리대를 사용해온 우리가 이미 알고 있던 것들이다. 지난 몇십 년간 일회용 생리대, 탐폰, 천생리대, 해면, 생리컵까지 두루 써본 사람으로서 나는 일회용 생리대가 몸에 좋지 않다는 걸 이미 '안다'. 우리가 궁금한 건 생리대 보관법이나 교체 주기 등이 아니라 생리대 전 성분이 뭔지, 그게 생식기와 자궁 등 인체에 미치는 영향이 무엇인지 등에 대한 정확한 정보다.

브리트니 스피어스, 그 여자에게 내려진 이중명령

나이 스물에 자기가 하고 싶었던 모든 일이 다 이루어졌다고 느낀다면, 그 이후의 삶은 어떻게 살아가야 하는 걸까? 세계에서 가장 유명하고 섹시한 여자가 고작 스무 살일 때, 이제 자신이 가장 원하는 것은 사생활이라고 생각하면서도 사생활이라고는 하나도 없는 일상을 발견할 때, 한때 소박하고 헌신적으로 자신을 돌봐주던 가족도 자기한테 바라는 건 돈뿐이라고 생각할 때, 대체 어떻게 살아야 할지 누구와 이야기할 수 있을까.

또래의 자기만큼 유명한 여자친구들? 하지만 브리트니 스피어스는 패리스 힐튼과 달리 소박한 시골동네 출신이다. 은수저를 입에 물고 태어난 패리스 힐튼이 브리트니의 불안함을 이해하기는 어려웠을 게다. 그래서 둘의 사이가 나빠졌다는 이야기는 별로 놀랍지 않다. 패리스 힐튼은 정말 자기 멋대로 살고 있고 그에 대한 죄책감도 없는 것처럼 보이지만, 브리트니는 끊임없이 대중이 원하는 자기에 대한 이중명령에 민감하게 반응하면서 살아왔다.

브리트니가 열네 살 때 순결서약식을 한 순진한 소녀이자 세계에서 가장 섹시한 여자라는 상반된 이미지로 살게 된 이유는 어른들의 위선 때문이었다. 브리트니가 너무 성적으로 보이는 것을 우려한 어른들은 순결서약식을 시키고 난 다음에야 그녀에게 성적인 표현을 허락했다. 이런 기괴한 요구에 평생 부응하면서 사는 것은 불가능하다. 결국 순결서약식은 쇼였다고 밝혀졌다. 하지만 비난을 받은 것은 이런 요구를 한 사람들이 아니라 브리트니였다. 브리트니의 이중생활은 이뿐만이 아니다. 자기 이름으로 자선재단을 설립할 정도로 마음씨 따뜻하다는 찬사를 받다가, 아무도 못 말리는 쇼핑광이라는 비난을 받기 일쑤다. 브리트니가 지나치게 돈을 많이 번다고 생각되자 그 천문학적인 액수가 자신들이 노력해서 버는 돈을 너무 초라하게 만든다고 여긴 사람들은 그녀가 충분히 돈을 기부하지 않는다며 불평하기 시작했다.

억압된 욕구가 쇼핑으로 분출되기 시작하자 사람들은 브리트니가 도둑이라도 되는 양 비난을 퍼부었다. 사실 문제는 브리트니가 노력했다고 하더라도 그에 비해 결과가 너무 대단하다는 데 있었다. 투자와 운에 의해 삶이 좌우되는 시대에 행운아들은 대개 저주받는다. 사람들의 저주 어린 시기심에서 벗어나기 위해서는 그들의 굶주린 욕망을 끝없이 채워줘야 한다. 욕망하는 자가 아니라 욕망의 대상이 되는 것은 이렇게 주권이 전도되는 일이다. 대중적인 인기는 그만큼 쉽게 대중의 변덕스러운 요구에 흔들리고, 특히 젊은 여성이 그러한 인기를 누릴 때는 대중에게 지나치게 큰 영향을 미친다는 이유로 과도한 검열의 대상이 되기 일쑤다. 공적 인물로서 대중적 영향력을 지닌 한 젊은 여성 스타들이 자기 의견을 표명하면 지나치게 공격적이거나 정치적이라는 이유로 공격받곤 했다. 그러니까 젊은 여성 스타들은 말 잘 듣는 '공공의 장난감'이 되라는 공공연한 요구를 받았다.

그러니 어쩌면 당연한 일이었다. 파파라치의 괴롭힘과 대중의 이중적 요구에 진절머리가 난 브리트니가 가장 원하는 것은 사생활이었다. 자신이 열 살 때 고향 마을 켄트우드에 버리고 온 것 말이다. 자기 삶의 주인이 되기 위해 브리트니가 선택한 것은 "결혼이 여자 인생의 무덤"이라는 세상의 상식과는 달리 아이러니하게도, 아니 필연적이게도 결혼이었다. 아마 다른 많은 사람처럼 브리트니도 자신을 있는 그대로 이해해주고 평생 변하지 않을 누군가가 필요하다고 생각했을 테고, 대부분의 사람들처럼 결혼해서 애를 낳아 기르며 살아볼까 하고 생각했을지도 모르겠다.

다른 식의 삶을 상상할 수 없을 때, 우리는 익숙한 궤도의 유혹에 쉽게 빠진다. 게다가 인생의 진정한 행복은 성공도 명예도 아닌 가족과 함께하는 삶에 있다는 거짓말(혹은 신화)을 우리는 수없이 들어오지 않았던가. 가족 내에서 일어나는 수많은 폭력과 갈등, 불행에 대한 이야기에도 불구하고 우리는 늘 가족이 제공한다고 가정된 변치 않는 애정과 헌신에 거는 기대를 포기하지 못한다. 하지만 그런 가족을 만들어 살고 있는 사람은 생각보다 많지 않다. 그렇다고 운이라는 게 아니다. 그건 그 사람이 특별히 운이 좋거나 성품이 훌륭해서가 아니라, 그런 가족을 만들어낼 수 있는 조건에 있고, 그 조건을 실현할 수 있는 능력이 있고, 가족을 위한 시간을 충분히 내고 노력할 수 있는 의지가 있어야만 가능하다. 하지만 정상가족에 기반한 '홈 스위트 홈'의 신화는 제대로 된 가족을 만드는 데 필요한 조건과 능력과 의지에 대한 이야기는 거의 하지 않는다. 그래서 많은 사람은 가족 안에서 생긴 불행에 대해 다른 어떤 것보다도 크게 상심하고 배신감을 느낀다. 브리트니도 그랬을 것이다. 그녀는 진심으로 남편과 아이를 사랑했을지 모른다. 하지만 그 사랑을 지키기 위해 자기 삶을 또다시 내던져야 하는 함정에 스스로 빠졌다. 그녀는 쇼핑과 약에 중독된 모습으로 묘사되었고 체중이 불었다는 이유로 지독하게 미움받았고 잠깐의 실수로 엄마 자격이 없다는 비난을 한 몸에 받으며 정서적으로 극도로 불안정한 모습(안정될 리가 있겠는가)으로 2007년의 가장 커다란 가십이 되었다. 그리고 미디어는 그런 그녀를 소비하며 자신들의 배를 채우기에 바빴다. 결국 미디어와 미디어가 사랑하는 대중이 잃은 것은 없다. 언제나 예쁘고 귀여운 여자애들은 넘쳐나니까.

누가 박경원을 추락시켰나

"착한 여자는 하늘나라로 가지만, 나쁜 여자는 어디로든 간다."

— 우테 에어하르트

한국 최초의 민간인 출신 여성 비행사 박경원의 일대기를 그린 영화 〈청연〉을 보고 가장 먼저 이 문구를 떠올렸다. 현재 한국의 민항기 여성조종사는 5~6명가량 되지만 아직 여성기장은 없고, 공군사관학교는 1997년에야 여성에게 문호를 개방했다. 어디 조종사뿐이랴. 여성에게 이동의 자유를 허용하지 않는 곳도 많다. 집 밖을 나서 길 위에 선 여성은 정숙하지 못한 여자, 곧 '나쁜 여자'로 취급된다. 어디로든 갈 수 있고 하고 싶은 걸 할 수 있는 삶은 여성들에게는 아직 이루지 못한 꿈이다.

그렇기 때문에 어디로든 날아가고 싶어했던 박경원의 꿈은 아직도 많은 여성의 마음을 설레게 한다. 〈청연〉은 그런 마음으로 기다려온 영화다. 그리고 영화는 기대에 충분히 부응하는 훌륭한 만듦새를 보였다. 한 인물의 탄생부터 죽음까지를 연대기순으로

서술하는 이야기 구조를 띠면서도 일방적으로 미화하거나 영웅화하지 않는 시선으로 만들어졌다는 점에서도, 영상 시대에 영화에서만 느낄 수 있는 영상미를 볼 수 있다는 점에서도, 여성 인물이 중심인 블록버스터가 만들어졌다는 점에서도 충분히 의미 있는 영화이다. 하지만 〈청연〉은 같은 날 개봉한 〈왕의 남자〉에 밀려 관객 동원에 고전을 면치 못했다. 심지어 친일 논란에 휩싸이면서 박경원은 졸지에 제국주의의 치어걸로 전락했고, 〈청연〉 관람 거부 인터넷 카페까지 개설되는 등 정말 '나쁜 여자'가 되었다. 남자와 민족주의에 걸려 넘어지다니! 박경원은 살아서도 죽어서도 시대와 권력의 무게를 증명하는 인물이 될 운명이었던 걸까.

〈청연〉은 시대를 넘어 하늘을 날고 싶은 여성의 꿈을 그렸지만, 친일 논란에 시달렸다. 다시 묻자. 애국심은 정말 그렇게 모든 가치에 우선할 정도로 정의로운 것인가. 백제의 장군 계백은 자신의 애국심을 위해 가족의 목을 자른다. 나는 영화 〈황산벌〉에서 계백의 아내가 "군바리 마누라 30년에 악밖에 안 남은 년이여! 니가 해준 게 뭐 있다고!" 악다구니를 할 때 완전히 뒤로 넘어가게 웃었다. 영화에서 계백의 아내는 더는 애국심과 영웅주의의 숭고한 희생양이 아니며, 가부장적 남편이자 살인자로 계백을 다시 보게 만든다.(코미디는 그런 면에서 대단히 전복적인 생각을 부드럽게 받아들이게 하는 큰 힘을 가진 장르다.) 그러나 남성 중심의 블록버스터 영화들 대부분은 이 애국심과 영웅주의에 편승한다. 애국심은 비판을 허용치 않는 맹목성을 지니고 있어 그 자체로 주변의 모든 세세한 것을 날려버리는 엄청난 화력을 자랑하는 폭탄(블록버스터)인 것이다.

하지만 〈청연〉은 블록버스터 형식으로 만들어졌으면서도 블록버스터의 공식을 배반하는 영화이다. 적대적 경쟁의식과 배타적 민족주의와 맹목적 애국심은 블록버스터의 긴장관계를 만드는 핵심적인 서사이지만, 〈청연〉에 등장하는 것은 공정한 경쟁과 국가를 뛰어넘는 우정, 그리고 개인이다. 이것만으로도 〈청연〉은 우리에게 새로운 인식의 지평을 열어준다.

어떤 '진보' 매체는 박경원을 '제국주의의 치어걸'이라고 폄하하는 기사를 올렸는데, 이는 기존의 여성 억압을 재생산하는 언어를 그대로 답습한다는 점에서 다분히 여성혐오적이었다. 여성조종사와 치어걸 사이에 어떤 공통점이 있다는 것인가. 전시에 공적 영역에 진출한 모든 여성은 남성을 기분 좋게 해줘야 한다는 공공연한 요구에 시달렸다. 제국주의의 치어걸이라는 말은 응원단으로서 치어걸 역할 수행을 남성의 눈요깃거리로 치환하고, 제국주의라는 말을 붙임으로써 그 모욕에 정당성을 부여한다. 나는 이런 방식의 비판은 친일만큼이나 나쁘다고 생각한다. 친일만큼이나 나쁘다는 말에 누군가 발끈할지도 모르겠다. 그렇다면 가슴에 손을 얹고 생각해보자. 친일보다 나쁜 일이 정말 없는가? 친일을 들먹이면 쉽게 공감과 공분을 얻을 수 있기 때문에, 말하자면 친일은 '절대악'으로 생각되기에 이런 방식의 말하기가 힘을 얻을 뿐, 억압은 단일하지도 않고 어떤 억압이 모든 상황에 우선 적용되지도 않으며 누구나 동일한 방식으로 억압을 경험하지도 않는다.

예를 들어, 1900년대 조선에서는 봉건제도의 악습이 일본 제국주의보다 더 사람들을 착취했던 모순이기도 했다. 갑오개혁에 동참했던 인사들이 '친일'적이었다고 하여 '반민중적'이라고 이야기할 수 없다. 또한 일본군 '위안부'들의 증언에는 종종 조선 남자들이 더 지독했다는 이야기가 나오며, '위안부'들이 수십 년간 입을 다물어온 이유는 한국의 가부장제가 이들에게 암묵적이고 때로는 명시적으로 침묵을 강요했기 때문이다. 그러므로 과거 청산은 반일 민족주의자를 영웅시하는 것만으로는 충분치 않을 뿐만 아니라 불가능하다. 현실은 이분법으로 재단할 수 없는 복잡한 권력과 욕망이 경합하는 과정의 총체이므로, 절대악으로서 친일을 상정하고 여론재판을 벌이는 것보다 더욱 중요한 것은 하늘을 나는 것과 같은 건강한 욕망들에 대한 경배일지도 모른다.

이 영화에서 박경원(장진영)은 기존 성역할을 훌쩍 뛰어넘는다. 얼굴에 검은 기름을 묻혀가며 자동차를 정비하고, 중성적인 복장에 술과 담배를 즐기고, 남성 그리고 일본인과 동등하게 경쟁한다. 그가 남성 앞에서 신체를 드러내는 장면은 오직 일본 권력층과의 만찬 장면뿐이다. 또 고문 장면에서 성적인 신체 훼손을 암시하는 장면이 전혀 없고, 한지혁(김주혁)과의 정사 장면도 없다. 박경원의 신체가 드러나는 장면은 이정희(한지민)와의 목욕 장면이다. 여성의 삶 구석구석에 존재하는 신체 훼손과 성적 착취의 위험을 제거한 이 같은 장치들은 남성들의 대상으로서 여성의 신체가 전시되는 것을 막으면서 동시에 남자 같은 여자가 아니라 여성으로서 박경원을 자연스럽게 드러낸다. 이런 장면들은 그동안의 한국 영화에서 보기 드문 성취라고 할 만하다.

가장 아쉬운 것은 역시 마지막 비행 장면이다. 한 영화평론가는 〈청연〉을 두고 친일보다 더 나쁜 건 '죽음=정치적 판단 중지'라는 평을 썼지만, 이 영화가 봉합한 것이 있다면 그의 마지막을 그리는 과정에서 그가 그토록 열망한 장거리 비행을 연인이었던 한지혁의 죽음을 기리는 의식처럼 표현한 부분이다. 영화의 마지막을 (영화에 나오는 대사이기도 한) "하늘이 제일 좋아. 거기엔 남자도 여자도 일본인도 조선인도 없잖아"라는 말로 끝났다면, 나는 이 영화의 영원한 회전문 관객이 되었을 것이다.

여자들의 우정을 그리는 방식

고대 그리스에서 우정은 인간 사이의 공적 상호작용이 도달할 수 있는 지고至高의 것으로 찬미되었다. 훌륭한 정치공동체란 곧 좋은 우정을 나눌 수 있는 곳을 의미했다. 그렇기에 우정은 언제나 남자들의 것이었다. 몽테뉴는 여자는 영적 교감을 나누기에는 너무 얄팍하고, 견고하고 질긴 관계의 압박을 견딜 만큼 강하지 않다며 여자들 사이 우정의 깊이를 공개적으로 부정하기까지 했다. 《여성의 우정에 관하여》의 저자 메릴린 옐롬에 따르면 18세기 이후 우정의 공적인 얼굴은 남성에서 여성으로 점점 옮겨갔다. 사적 영역에서 고립되었던 여성들은 공적 영역에 나오자마자 열렬하게 우정을 맺기 시작했다는 것이다. 19세기 후반에 이르러서는 여자들이 더 우정에 헌신하자, 여자들 사이의 우정은 남성 사회를 위협한다는 생각에까지 이르게 된다.

그래서일까. 여자들의 우정에 대한 영화는 보통 빛나는 학창 시절을 회고하거나 대도시의 화려한 삶을 공유하는 이야기였다. 여자의 우정이라고 찬란하기만 할 리는 없다. 오랫동안 여자들의 우정에 대한 의심 어린 시선은 우정의 다른 면을 보지 못하게 했다. 남자들은 가장 친한 친구의 등에 칼을 꽂아도 "고마해라, 많이 먹었다 아이가"라고 말하며 한때 죽고 못 살던 친구를 배신하는 인간의 페이소스를 보여주었지만, 여자들이 싸우고 배신하는 이야기는 그저 '여자의 적은 여자'라는 증거를 하나 추가하는 일에 불과했다.

하지만 갑작스러운 친구의 죽음, 부재 혹은 멀어짐은 여자의 인생에서 때로 연애보다도 치명적이다. 영화 〈누에치던 방〉은 여자들의 잃어버린 우정을 그리고 있다. 주인공 미희(이상희)는 연애, 결혼, 출산, 직업, 집을 포기한 세대의 자화상처럼 보인다. 미희가 찾아다니는 건 저런 목록이 아니다. 미희는 고등학생 때 친했다가 갑작스럽게 멀어진 친구를 애타게 찾는다. 마치 자신이 원래 어떤 사람이었는지를 기억해내려는 듯. 그건 나중에 미희와 특별한 우정을 나누는 성숙(홍승이)도 마찬가지다. 성숙은 20년 전 단짝 친구가 갑자기 죽은 이유를 여전히 찾고 있다. 이 기묘한 영화는 한 번도 본 적이 없는 방식으로 여자들의 우정에 대해, 그것도 부서진 관계에 대해 다룬다. 신학자이자 철학자인 이반 일리치는 오늘날 공동체적인 삶이 존재한다면 그것은 각자가 가꾸는 우정의 결과이며, 사회는 이렇게 맺어지는 우정의 정치적 결과만큼만 좋아질 수 있다고 말한 바 있다. 이해받는 것 따위에는 관심이 없어 보였던 미희는 성숙 앞에 앉아 비로소 따져 묻는다. 그리고 그 힘으로 부서진 관계를 찾아가 기어이 복원되지 않는 우정을 직면한다. 영원한 우정을 맹세하는 것보다 중요한 것은 이제 더는 같이할 수 없는 위치를 직면하는 것일지도 모른다. 여자들의 부서진 우정에 덧씌워져왔던 여성혐오적 렌즈를 걷어내면, 이토록 서로 다른 여자들의 이야기가 비로소 나온다. 그런 점에서 나는 여자들이 서로를 죽기보다 좋아하고 미친 듯이 싸우는 모습을 더 많이 보고 싶다.

2장

우리는 쓰고 또 쓰는 수밖에 없다

이 정도로 까다롭고 예민하다고 하다니

페미니스트에게 세상이 자주 붙이는 딱지가 있다. '피해의식'이 강한 사람들이라고. 그래서 강의를 하다 보면 이런 질문을 곧잘 받는다. "페미니즘을 알고는 싶은데 피해의식만 잔뜩 생길까 봐 겁나기도 해요. 피해의식을 갖지 않고 페미니스트가 될 방법이 있나요?" 무리도 아니다. 페미니즘을 통해 우리 사회를 돌아보는 시각을 갖게 되면 그 이전과는 너무나도 다른 세상을 만난다. 그냥 지나쳤던 부분들이 다르게 다가온다. 이런 새로운 앎은 환희만 가져다주지 않는다. 고통이 뒤따른다. "페미니스트가 된 다음에 텔레비전이나 영화를 볼 수가 없어요. 재미있게 보던 예능 프로그램도 짜증이 나고, 드라마나 영화도 보면 화가 나요. 친구와 가족과도 점점 말이 안 통해서 조금씩 멀어지는데, 어떡하면 좋죠?"라며 꽤 절박하게 물음을 던지는 이들도 있다.

나 역시 영화를 보다 보면 주변에서 읽고 들었던 이야기와 겹쳐서 몰입에 방해될 때가 있다. 영화관에서 흘러가는 대사와 별도로 이런 자막이 내 머릿속을 흘러간다. '저 어마어마한 연기를 보여주는 배우는 촬영장에서 감독이 여자일 때와 남자일 때 태도가 너무나 다르다던데, 여자감독을 티 나게 무시한다지. 사실적인 연기로 극 중 긴장을 잘 이끌어가는 저 배우는 애드리브라며 상대 여배우에게 갑자기 육두문자를 날렸다지. 저 겁탈 장면은 사전에 여배우와 협의된 걸까….' 이러니 피해의식이 생기는 것도 당연하다.

왜 사람들은 피해의식이 생기는 걸 두려워할까. 우리 사회에서 '피해의식'은 '남 탓을 한다'는 말과 동의어로, 보통 부정적인 의미로 쓰인다. 하지만 이건 과대망상이나 남 탓하기라는 문제 행동을 피해자에게 뒤집어씌우는 일이다. 이런 덧씌우기는 피해자가 '건강한' 피해의식을 가지는 걸 방해한다. 피해의식victim mentality의 사전적 의미를 바탕으로 해석하면 이렇다. 첫째, 피해자는 문제의 발생 원인이 아니다. 둘째, 피해자는 문제의 발생을 막을 의무가 없다. 셋째, 피해자는 권리를 침해받은 자로서 공감받을 자격이 있다. 이렇게 피해의식을 이해하면 문제는 간단해진다. 없어져야 할 것은 피해의식이 아니라 피해자를 비난하는 문화다. 두려워해야 할 것은 피해의식 때문에 재미를 잃어버리는 것이 아니라 비슷비슷한 영화만 보고 그 익숙함을 재미라고 착각하는 것이다.

나는 언제나 기꺼이 재미를 찾아다닌다. 드라마나 영화에서 남자주인공이 여자주인공의 손목을 비틀어 잡고 벽에 밀어붙이는 장면이 더는 로맨틱하지 않고, 소수자에 대한 차별과 혐오 발화가 더는 재미있지 않을 뿐이다. 이 정도를 가지고 까다롭고 예민하다고 취급된다면 그 점이 놀라울 따름이다.

알고자 하는 용기

사상으로서의 페미니즘은 비판적 실천 학문이라는 계보 속에 있다. 그런데 페미니스트의 비판은 종종 파시즘적 광기를 동반한 비합리적 감정의 분출로 간주되거나('페미 파쇼'), 성차별 반대라는 목표를 위해서라면 기꺼이 잔인해질 수 있는 독재자('페미 나치')로 묘사된다. 파시스트든 나치든 모두 지독한 국가주의자인데, "여성에게는 조국이 없다"고 외쳐온 페미니스트들이 들으면 어리둥절할 일이다. 페미니즘은 지금까지 보편으로 간주되어온 지식의 권위를 묻고 또 물으며 권력의 작동 과정을 심문하고, 그 자신이 권력이 되는 것을 경계해왔다. 그렇기 때문에 '비판적 태도를 견지한 실천'은 페미니스트로서 중요한 덕목이기도 하다.

그렇다면 비판이란 무엇인가? 1978년 5월, 미셸 푸코는 '비판이란 무엇인가?'라는 제목의 강연에서 비판이란 곧 '알고자 하는 용기'라고 이야기했다. 앎이란 무엇인가? 여기에서 앎이 우리를 자유롭게 하는 진리라고 한다면, 무엇이 지식이고 무엇이 권력인지를 단순히 서술하는 것으로는 부족하다. 그러한 앎은 주체를 다시 '맥락'이라는 조건에 종속시킨다. 지식-권력 연결망knowledge-power nexus의 작동 원리를 통해 무엇이 어떻게 인식 가능하고 수용 가능하게 되는지 포착할 수 있게 되면, 이때 앎은 주체를 탈예속화de-subjectification하는 기능을 수행할 수 있다. 그야말로 진리가 우리를 자유롭게 하는 순간이다.

그러나 이러한 앎 역시 끝없이 갱신되지 않으면 타락한다. 비판적 태도란 예속되지 않으려는 의지 그 자체이자 자유로서의 앎을 실천하는 행동이다. 분석의 매 순간 지금 우리가 다루고 있는 지식이 무엇이며, 이것을 지식으로 만드는 권력이 어떻게 실행되는지 '알고자 하는 용기'는 페미니즘 지식에서 필수적이다. '입문' 단계에서 페미니즘을 공부하고자 하는 용기가 필요했다면, 그다음에는 상호 비판 과정에서 자신의 의견을 수정하는 용기가 요구된다.

페미니스트 영문학자 리타 펠스키에 따르면, 의견 차이를 분명히 드러내며 기꺼이 서로를 비판하는 동시에 스스로가 가진 생각에 의문을 품어보고, 필요하다면 과감히 낡은 생각을 폐기하는 등의 융통성을 발휘해야만 페미니즘은 생명력 있는 이론으로 살아남을 수 있다. 그러기 위해서는 페미니즘이라는 사상적 기반을 공유하지 않거나 적극적으로 거부하는 사람과도 언제든 토론할 수 있어야 한다. 하지만 최근 일부 페미니스트들이 '백래시Backlash(사회 변화에 대한 대중의 반발)'라는 개념에 의존하면서 모든 비판을 반동적인 것으로 취급하는 것을 목격하곤 한다. 이러면 이견을 가진 누구와도 대화할 수 없다. 물론 앞에 쓴 것처럼 상대가 나를 파시스트나 '정부요원'처럼 취급하는 상황에서 대화를 이어나가려는 시도는 쉽지 않다. 가짜뉴스와 사기 행각이 공론장을 망치고 있는 상황에서 이상적 대화와 합리적 토론이 가능하다는 생각은 순진한 바람일지도 모르겠다. 그래도 '저들이' 우리를 끌어내려도, 우리는 결코 같이 끌려 내려가지 않겠다는 마음이야말로 거짓과 위선이 난무하는 이 시대에 필요한 용기가 아닐까.

토론이란 무엇인가

어떤 토론이 좋은 토론인가? 토론자들은 어떤 태도를 취해야 하는가? '알고자 하는 용기'라는 글을 쓴 뒤에도 고민은 계속되고 있다. 나는 매 학기 토론식 수업을 하는데, 그때 공유하는 제일 중요한 원칙이 있다. 토론 때 나온 의견은 발화자의 인격 그 자체가 아니며, 모든 의견은 잠정적인 것으로 취급한다. 그리고 의견 자체가 바뀔 수도 있다고 전제했을 때 토론이 가능하다는 점을 모두 숙지한다. 어쨌든 싫다거나 괜히 밉다는 등 감정에 대한 이야기, 종교적 신념 등은 토론의 근거가 될 수 없다는 걸 강조한다.

그 외에도 토론 때 나온 이야기는 다른 곳에서 집단적 뒷담화의 재료로 삼지 않는다는 규칙도 매번 이야기하지만 뒷담화 금지가 세상에서 제일 힘들어서 이 부분은 어떻게 해결해야 할지 늘 고민이다. 이 두려움이 없어져야 제대로 된 토론이 가능한데 우리를 둘러싼 환경은 점점 다양해지고 세계를 분할하는 게 가능해졌다. 이런 상황에서 효과적인 규칙을 만드는 건 꽤나 어려운 일이다. 여전히 고민하고 있다. 그래도 십수 년간 토론 수업을 해본 결과, 반드시 필요하다고 실감한 규칙은 다음 두 가지였다.

첫째, 토론할 거리가 아닌 건 토론하지 않는다. 주제를 토론할 수 있도록 재가공하는 작업은 매우 중요하다. 둘째, 토론 상대가 원하는 것이 토론이 아니라 공격이거나 '장사'일 때는 토론하지 않는다.

그러니까 이런 이야기다. 안티페미니스트들은 자신이 직접 운영하거나 출연하는 채널에서 페미니즘은 정신병이고 파시즘이고 반지성주의라고 떠든다. 그리고 그게 아니라는 점을 증명하려면 나와서 토론을 하라고 한다. 이게 토론일까, 아니면 일종의 투견장을 만들고 구경하자는 걸까.

동성애를 반대하는 자와 동성애자를 불러다 놓고 토론하게 하는 경우도 있다. 동성애 찬반 같은 방식은 토론이 아니라 혐오 발화를 토론의 이름으로 승인하는 행위다. "낙태는 살인"이라고 주장하는 일부 기독교인들과 "임신한 당사자에게 임신을 중지할 권리가 있어야 한다"를 외치는 활동가들을 붙여놓고 토론하라고 한다. 어차피 종교적 신념으로 낙태반대 의견을 가진 이들은 토론으로 의견을 바꾸지 않는다. 이해관계자들도 마찬가지다.

이런 판이라고 해도 가리지 말고 가서 토론해야 한다는 사람도 많다. 상대편으로 나온 그들이 대중적으로 먹히니까 너희도 대중적으로 나서서 설득을 하라고 주장한다. 여기서부터 목적은 토론이 아니라 흥행으로, 대중적 주목과 영향력으로 바뀌게 된다. 이런 포퓰리즘적 욕망은 흥행 위주의 토론을 구성할 가능성이 높다.

그런 식의 사고방식은 결국 토론이 아니라 또 하나의 쇼를 만들어 내자는 말과 다름없다. 너무 진지해서도 너무 어려워도 안 된다. 오래 고민해온 사람들의 결은 이런 장에서 매우 납작하게만 전달할 수 있게 된다. 더 나은 논쟁이 아니라, 너 나빠 경쟁을 하게 될 가능성이 높아진다.

좋은 토론이 되려면 사회자, 촉진자, 발제자, 청중 모두 토론을 통해 변화될 수 있다고 생각해야 한다. 자신이 궁금한 것을 상대에게 확인할 수 있다는 믿음을 가질 수 있어야 한다. 상대에게 반론하며 자신의 논지를 점검할 수 있다는 기대를 가질 수 있어야 한다. 그래야 질문을 명목으로 자기과시적인 연설을 하거나 선동하며 혐오 발화를 할 때 모두가 제지할 수 있다. 토론에 참여하는 이들은 적어도 자신들이 더 나아질 수 있다는 걸 기대하는 사람이어야 한다고 생각한다. 하지만 토론에는 관심이 없고 오직 영향력만을 과시하려는 사람은 토론에서 논박되었어도 전혀 의견을 바꾸지 않는다. 남녀 임금격차가 '없다'고 주장하거나, 성차별은 이제 '사라졌다'고 말하거나, 여성혐오만이 아닌 남성혐오도 문제라는 이야기를 반복한다. 똑같은 질문을 반복하고 어떤 근거를 들어도 믿지 않는다. 2018년 은행권과 공공기관에서 여성 합격자를 줄이려고 점수를 조작한 사례가 보도되었다. 한 대학 이사장이 남학생을 더 뽑으라고 공공연하게 지시했다. 여성과 남성 간 임금격차는 고용-승진-배치 전 과정에서 성차별주의가 작동한 결과다. 이런 기본적인 이야기를 끊임없이 반복해서 답변을 요구한다.

겨우 문제 해결 방법에 대해 토론할 상황을 만들어놓았는데, 저런 이들이 공론장의 주요 스피커로 취급되면 성차별이 있다는 이야기부터 다시 해야 한다. 이것이 토론이 아니라 퇴행이라고 보는 이유다.

혹시라도 오해를 피하기 위해 다시 강조한다. 전문가주의를 주장하려는 게 아니다. 지난 몇 년 동안 고등학생들과 서로 다른 의견과 입장을 가진 상황에서 집단 토론을 해본 경험이 있다. 토론 후 각자 의견을 유지한다고 해도 적어도 그 의견에 대해서는 전보다는 나은 근거를 가지게 되었다. 개인적으로 강경한 반대파를 설득하는 데에는 실패했지만 좋은 토론이었다고 생각했다. 사회자, 촉진자, 발제자, 청중 모두가 열심히 준비했기 때문에 가능했으리라. 소통과 토론이 가능한 출발점을 만들기 위해 사전에 몇 개월 동안 수업이 있었다고 들었다. 그래서 가능했을 것이다.

그런데 어떤 이들은 토론 가능한 상태가 되길 원하지 않는다. 상대가 가장 나쁜 상태를 계속 유지하기를 원한다. 그래야 자신의 의견이 정당성을 가지게 되니까. 이건 꼭 안티페미니즘에만 있는 태도는 아니다. 페미니즘 내부에도 그런 태도가 분명히 있다. 사실 이런 태도는 어디에나 있다. 오히려 토론이 가능한 영역 자체가 매우 예외적인 상황인지도 모른다. 따라서 토론 상대의 나쁨으로 자신이 빛날 수 있으리라는 욕망을 버려야 토론이 가능하다. 원하는 판이 깔려야만 토론에 나설 수 있다는 말이 아니다. 토론할 만한 주제를 가지고, 토론할 수 있는 방식으로 토론할 때만 토론의 목적을 달성할 수 있다는 이야기다. 우리가 초·중등교육에서 배웠지만 어쩌면 한 번도 제대로 해본 적 없는 토론, 이것이 하고 싶다는 말이다.

우리는 쓰고 또 쓰는 수밖에 없다

한국 여성들이 나혜석을 알게 되는 순간은 대체로 비슷하다. '페미니스트'라고 말하면, 누군가가 나혜석이라는 이름을 말해준다. '나혜석 콤플렉스'라는 복합 고유명사를 눈앞에 흔들며 이혼 후에 행려병자로 생을 마감한 그의 비극적 삶을 굳이 귀에 대고 들려준다. 나에게 처음 나혜석의 삶과 죽음에 대한 이야기를 해준 이는 대학 선배였다. 나와 벌인 토론에서 밀리자 "똑똑한 여자, 인기 없어"라고 말하던 이였다. 나는 그의 말을 20년째 곱씹으면서 한심해하고 있지만, 나혜석을 알려준 건 고마웠다. 페미니스트인 나에게 나혜석은 죽음이 아니라 삶의 주인공이었다. 무엇보다 끊임없이 자기 자신의 생각을 글로 써내려고 한 사람이라는 점을 늘 감탄한다.

국문학자 장영은은 나혜석의 불행과 몰락이 이혼 때문이었다는 평가에 반대한다. 장영은은 나혜석의 고난은 글 쓸 곳이 없어졌기 때문이라고 분석한다. 이혼에 대해 공개적으로 발언한 이후 나혜석에게 글 청탁을 하는 곳은 점점 줄어들었다. 아무에게도 보호받지 못하는 처지가 된 이혼한 식민지 여성 지식인에게 지면에서의 배제는 공적 존재로서의 삭제와 다름없었다. 식민지 여성 작가에게 글쓰기는 어떤 의미였을까. 식민지 시기 여성이 넘어서야 할 산은 제도가 아니라 인간, 그것도 아버지, 남편, 오빠, 애인이었다. 국문학자 손유경은 식민지라는 당시의 시대적 상황과 구조를 조망하지 못한다는 이유로 남성 평론가들에게 폄훼되었던 식민지 여성 작가 지하련과 최정희의 자전적 글쓰기를 분석하며 이렇게 결론을 내린다. "그녀들의 소설은 신변과 개인사를 다루었기에 무가치한 것이 아니라 넘어서려던 경계가 매번 인간의 얼굴을 띠고 있기에 더 큰 고통을 받았던 여성들의 목소리를 담고 있어 무엇과도 바꿀 수 없는 가치를 지닌다."

내 생각도 같다. 이것이 여성들이 자신의 삶을 짓누르는 억압에 대해 오랫동안 입을 다물었던 이유다. 여성들이 자신이 겪은 문제에 대해 직접 목소리를 내면 내부 총질을 하지 말라, 공작정치에 이용당하지 말라는 성마른 충고를 힘주어 이야기하는 이들이 있다. 하지만 여자의 전쟁은 언제나 내전이었다. 친밀한 사이인 가족과 애인이, 여전히 충성심이 남아 있는 공동체 안에서 신뢰하는 동료가 바로 자신의 가해자다. 미국의 흑인 여성운동가 프랜시스 빌은 흑인 남성이 원한 해방은 백인 남성만 누린 남성적 특권이었는데, 그 특권은 바로 흑인 여성의 몸에 대한 '프리패스권'이었다고 통렬하게 지적한다. 이런 상황에서 흑인 여성으로서의 해방은 이중의 모순 속에서 반드시 내전을 동반할 수밖에 없다. 그런 점에서 이른바 '진보진영'에서 집중적으로 미투(#MeToo)가 나왔던 이유는 진보진영 남성들이 남성 권력에 대항하지 않고 그것을 욕망했기 때문이다. 미투운동으로 인해 진보진영의 리더십에 큰 상처가 났다는 식의 비판을 하는 것은 본인들의 자유이나, 일단은 반성이 먼저다. 미투운동이 한국 사회 일상의 성정치학으로 이어질 수 있을까. 나는 아직 아무것도 확신할 수 없다. 하지만 100년 전 선배들이 하던 것처럼 여성 스스로 목소리를 내고 또 내고, 쓰고 또 쓰지 않으면 아무것도 남지 않는다는 것만은 분명히 알고 있다. "펜은 칼보다 강하다"라고 했다. 마침 우리 한국 여성들은 세계 최고 수준의 읽고 쓰기 능력을 갖추고 있으니 무기는 충분하다.

9 가족의 사랑만으로 할 수 없는 일

인권에 대한 강의가 끝난 후에 한 중년 여성으로 보이는 수강생이 손을 들었다. 딸에 대한 이야기라고 했다. 중년 여성들은 대체로 남편이나 자식과 관련한 질문을 많이 한다. 조금 아쉬웠다. 가족 말고 자신이 보는 세계에 대한 질문을 하면 많은 것이 달라질 텐데. 하지만 성급한 우려였다. 이분이 궁금해한 것은 딸과의 관계가 아니라, 딸이 만나고 있는 세계에 대한 것이었다.

극장 아르바이트를 마치고 돌아온 딸의 눈이 퉁퉁 부어 있었다 했다. 입장하는 손님에게 음료수는 반입하면 안 된다는 안내를 하자 눈앞에서 음료수를 바닥에 쏟아버려 그 바닥을 닦고 왔다고…. 딸의 이야기에 너무 분하고 속상한 한편 딸을 이해할 수 없다고 했다. "그까짓 시급 때문에 왜 네가 무릎을 꿇고 바닥을 닦니? 우리 집 형편이 네가 그런 일을 당하면서까지 돈을 벌어야 할 정도는 아니잖아, 당장 그만두라"고 했더니 딸은 더 서럽게 울더라며, 세상이 왜 이렇게 되었는지를 한탄하면서도 귀하게 키운 딸이 왜 그 자리를 박차고 나오지 못했는지가 궁금하다고 했다.

나는 이 이야기에 우리 사회에서 인권 개념이 상상되고 실천되는 방식과 그 한계가 담겨 있다고 생각한다. 한 기업에서는 콜센터 노동자들이 성희롱과 폭언에 시달리자 고객센터 통화연결음에 "제가 사랑하는 우리 엄마가, 우리 아내가, 착하고 성실한 우리 딸이… 상담드릴 예정입니다"라는 멘트를 녹음해서 들려줬다. 정책은 성공적이었다. 고객들의 반응은 호의적이었고 화제성이 높았다. 이후 광고로도 만들어졌고, 좋은 광고로 뽑혀 상을 받기도 했다. 하지만 정말 이걸로 괜찮아졌을까? 이처럼 서로가 누군가의 소중한 자식이고 가족이라는 사실을 일깨워주면 서로를 존중할 수 있다는 생각은 꽤 널리 퍼져 있다. 명절 때마다 이주노동자들의 가족상봉 프로그램이 인기리에 방영되는 것도 비록 피부색과 언어는 달라도 그들 역시 누군가의 소중한 가족이므로 우리와 다르지 않다는 생각의 연장선에 있다.

하지만 정말 그런가? 왜 귀하게 기른 딸은 아르바이트 작업장에서 노동권을 제대로 주장하지 못했을까. 가족 안에서 귀애한 존재로 키워지는 것과 사회의 동등한 구성원으로 존중받는 것 사이에는 분명한 선이 그어져 있다. 우리의 일상에서는 "나도 너만 한 딸이 있는데"라며 삿대질을 당하고, 내가 잘못하면 부모가 소환되며, 남편의 실수가 곧 아내의 흠이 된다. 가족은 존중의 근거가 아니라 협박의 조건이다. 한국 같은 고도의 가족 중심주의 사회에 신자유주의 패치가 설치된 결과 가족 단위를 중심으로 이해관계를 추구하는 것이 상식이 되었다. 이런 사회에서 가족과의 연결감은 사회적 연결감으로 이어지기 어렵다. 실제로 콜센터 노동자에게 가장 크게 와닿은 정책은 통화연결음이 아니라 업무중단권이었다. 성희롱과 폭언을 당했을 때 끊을 수 있는 권리가 보장되자 스트레스 지수가 떨어졌다는 결과도 발표되었고, 다른 사업장에도 확장되었다. 모든 사람은 누군가의 무엇이어서가 아니라 개인으로서 세계 속에 동등하게 존재한다는 감각이 확고해질 때 비로소 권리를 가질 수 있다. 사랑, 성, 가족에 대한 감각 역시 소유와 배타성에서 자유와 상호존중의 감각으로 바뀔 때 비로소 가족과 사회의 분할된 세계가 이어지지 않을까.

존엄한 취향

2018년에 개봉한 한국 영화 〈소공녀〉에서 주인공 미소(이솜)의 남자친구 한솔(안재홍)은 웹툰작가의 꿈을 포기하고 2년간 5000만 원 이상 모을 수 있다는 사우디아라비아 파견 근무를 신청한다. "왜?"라는 주인공의 질문에 "남들 다 하는 걸 하기 위해"라고 답한다. 남들처럼 살기 위해 자신의 꿈을 접는 걸 사람들은 '현실적'이라고 말한다. 이해할 수 없는 현실을 굳이 이해할 생각이 없는 주인공 미소는 점점 오르는 월세와 두 배 가까이 오른 담뱃값 중에서 방을 버리고 담배를 선택한다. 집과 직장, 결혼 대신에 기꺼이 자신의 취향을 지키기로 한 이 선택에 미소의 지인들은 매우 놀라워한다. 아마 관객 대다수도 마찬가지 아닐까.

미소는 방을 뺀 후 잠잘 곳을 찾고자 대학 시절 함께 밴드를 했던 친구들을 한 명씩 방문한다. 흥미롭게도 세 명의 여자동창은 모두 직장, 가족, 육아를 지키기 위해 고군분투하느라 음악이나 담배와 같은 '취향'의 세계와 결별한 생활인으로 살고 있고, 두 명의 남자동창은 여전히 기타를 치고 담배를 피우는 '취향'을 고

수하지만 부서진 세계를 방치하고 있는 것처럼 보인다. 여자들은 하나같이 아직도 담배 피우냐고 묻지만, 남자들은 미소가 왜 그렇게까지 취향을 고수하는지를 아예 묻지 않는다. 이 대비는 취향을 가지는 것, 그리고 그것을 향유하는 행위가 여성에게는 그 자체로 비현실이라는 점을 드러낸다. 하지만 취향을 가졌다고 해서 곧 인간답게 살 수 있는 건 아니다. 두 남자동창이 여전히 기타를 치고 담배를 피운다고 해서 이들의 삶이 괜찮은 상태인 건 아니듯이 말이다.

〈소공녀〉는 생존의 기술을 취득하는 동시에 교양인으로서 취향껏 삶을 영위하는 것이 거의 불가능해진 시대에 만든 일종의 판타지영화에 가깝다. 미소는 살림의 달인으로, 청소가 필요한 집에는 청소를 해주고 요리 솜씨가 없는 친구를 위해서는 반찬을 만들어 채워놓는다. 예의 바르고 따뜻한 태도를 유지하되, 상대가 선을 넘거나 자신을 불편해하면 망설이지 않고 다시 길을 나선다. 미소의 취향에 대한 고집은 이러한 일련의 과정을 통해 본인이 선택한 삶을 존엄하고 인간답게 유지할 수 있게 하는 조건으로 이해되기 시작한다. 사회의 독립된 구성원으로서 가지는 공통된 지각과 감각을 교양이라 하고, 현대적 의미에서 사교란, 더는 "네 아버지 뭐하시니"라고 교양 없게 묻지 않고 나의 취향으로 내가 누구인지를 드러내어 교류하는 일이다. 교양인으로서 취향을 가지는 것은 그 자체로 인간이 되는 길이다. 하지만 여성에게 교양은 과잉 혹은 잉여로 재현되어왔다. 이런 세계에서 여성이 자신의 취향을 고수하는 건, 사치나 허영의 문제가 아니라 나 자신으로 살 권리를 찾는 존엄의 문제와 관련된다.

캡틴, 나의 캡틴

2019년 3월 8일, '세계 여성의 날'에 맞춰 영화 〈캡틴 마블〉이 개봉했다. "〈캡틴 마블〉은 페미니즘을 위한 가장 거대한 발언대이기 때문에 이 영화에 참여하는 것이 기쁘다." 브리 라슨이 캐스팅 후 인터뷰에서 한 말이다. 이 말 덕분에 브리 라슨은 영화가 개봉할 때까지 수많은 공격을 받았다. 별점 테러는 한국에서만 일어나는 일이 아니었다. 개봉 전 영화에 관한 정보가 공개될 때마다 설정에 대한 비판과 외모(?!)를 둘러싼 공격이 이어졌다. 별점 테러단은 역대 마블 영화 중 최악이며 그에 걸맞게 관객의 외면을 받을 것이라고 장담했다. 결과는 금세 가려졌다. 〈캡틴 마블〉은 개봉 첫 주만에 손익분기점을 훌쩍 넘었을 뿐 아니라, 히어로들이 총출동한 〈어벤져스〉 시리즈에 이어 높은 흥행성적을 기록하는 중이다.

그러니까 〈캡틴 마블〉은 스크린과 스크린 바깥에서 동시에 개봉해 동일한 서사로 관객을 만나는 중이다. 스크린 안에서도 바깥에서도 여자주인공이 넘어서야 하는 장애물은 성차별주의 그 자체다. 경계를 넘으려는 여성들, 자기에게 주어진 자리에 만족하지 않는 여성들은 여성이라는 이유로 그 자리에 적합하지 않다고 비난받는다. 도전할 기회를 겨우 잡아도 실패는 용납되지 않는다. 실수와 실패 없는 성장은 없다. 하지만 여자에게 허용되지 않은 삶을 선택한 여자주인공들은 도전 자체가 실수라고 생각되기 때문에 실패해도 아무도 실망시키지 않는다. 그럴 줄 알았다는 식의 냉소만이 돌아올 뿐이다. 만약 〈캡틴 마블〉이 흥행에 참패했다면 별점 테러를 한 이들을 비롯해 페미니즘을 증오하던 모든 이가 그럴 줄 알았다고 말했을 것이다.

〈캡틴 마블〉 이전에는 〈원더우먼〉이 있었다. 최초의 여성 슈퍼히어로 원더우먼 역시 페미니즘과 함께 탄생했다. 〈원더우먼〉의 작가 윌리엄 몰턴 마스턴은 여성참정권을 주장한 인물로, 산아제한운동의 선구자 마거릿 생어의 동료였다. 그는 "새로운 유형의 여성상에 대한 심리적 프로파간다로서 원더우먼을 창조했다"고 말한 바 있다. 초능력을 가진 완벽한 몸매의 백인 슈퍼히어로 여성인 원더우먼은 여성 역시 저스티스 소사이어티의 일원이라는, 지구를 지키는 영웅 역할을 할 수 있다는 자부심을 안겨주었다. 하지만 원더우먼의 역할은 고작 비서였고 함정에 빠질 때마다 특별한 이유 없이 쇠사슬과 밧줄로 묶였다. 성적 환상을 충족시키기 위한 장치라는 비판을 피하기 어려웠지만, 여성 슈퍼히어로물의 흥행을 위해서는 희생할 만한 문제라고 생각되었다. 하지만 2019년 슈퍼히어로 캡틴 마블은 굳이 이런 타협을 시도하지 않는다. 캡틴 마블은 남성 관객의 성적 판타지를 충족하기 위한 코스튬을 입지 않고, 자신의 가치를 증명하기 위한 인정투쟁에 목매달지 않는다. 상대를 제압하고 손에서 불을 뿜으며 미사일을 요격하고 우주를 날아다니는 여성 슈퍼히어로가 등장하는 〈캡틴 마블〉에는 그다지 인상적인 액션 신이 나오지 않는다. 하지만 중추신경계를 자극하는 쾌락이 없는 것은 아니다. 여성 슈퍼히어로가 관객에게 제공하는 가장 강력한 쾌락은 '마침내 자유로워진 순간'이라는 감각을 전달할 때다. 가장 강한 순간이 아니라, 가장 자유로운 순간.

빚도 짐도 아닌

영화 〈사랑할 때 이야기하는 것들〉에는 돌아가신 아버지의 빚 5억 원을 갚으려고 명품을 베끼는 여자 짝퉁 디자이너와 정신장애인 형으로 인해 결혼을 못한 남자 약사가 나온다. 이들이 서로에게 마음이 끌리는 순간, 결혼 못한 남자는 형이 죽었으면 좋겠다고 생각하고, 빚에 지친 여자는 임신한 동생에게 애를 지우라고 한다. 이들에게 사랑은 자신의 인간성을 시험하는 유혹으로 다가온다. 사랑이 가족주의의 규범성에서 벗어나는 건 일견 해방적인 일이지만, 많은 사람은 이런 상황에서 가족이 아니라 사랑을 포기한다. 가족이 진 빚, 가족의 정신적 결함(?)이 다른 사람을 만나는 것마저 사치스럽게 만드는 사회에서는 문제적인 혈연가족을 그대로 끌어안은 채 새로운 사람을 만나 사랑하고 결혼하기를 꿈꾸는 것은 범죄행위에 가까운 일이 되었다.

이 영화에서 고통의 원인은 빚과 가족이었다. 하지만 현실에서 이 두 가지는 비교 대상조차 될 수 없다. 금융위기 시대 이후 친구도 친척도 빚 앞에서는 소용없다는 걸 알게 된 사람이라면 5억 원이 얼마나 무서운지 안다. 보증만큼은 절대로 해줘서는 안 된다는 충고들은 친척과 친구가 빚이나 보증 앞에서 배신하는 일을 겪은 사람들의 경험에서 우러나온 이야기들이다. 어떤 빚쟁이와의 관계도 그 관계의 본질이 돈에 있는 한 인간적인 소통은 가능하지 않다. 반면, 정신장애인과 함께 사는 것은 빚쟁이와의 관계와는 다르다. 우리 모두 잘 풀리지 않는 인간관계에 고통스러워하지만 관계 안에서 다른 기쁨을 누리면서 살기도 한다. 예컨대 연애관계의 경우, 상대가 주는 기쁨만큼이나 상대가 주는 고통도 있다.

가족도 마찬가지다. 모든 친밀한 관계 안에는 고통스러운, 공존을 위한 노력들이 있다. 정신장애인 가족들 역시 이들과의 관계에서 다른 친밀한 관계와 비슷하거나, 혹은 더 깊은 감정적 교류를 하며 살아간다. 빚과 정신장애인, 이 둘이 비교의 대상에 오른 것 자체가 정신장애에 대한 무지와 편견에서 비롯된다. 정신장애인들은 결코 특별히 위험한 존재가 아니다. 물론 이들은 생각하는 방식도 다르고 행동하는 패턴도 예측하기 어렵다. 그러나 그런 차이를 품을 수 있는 공간이 없는 도시에서는 정신장애인을 병원이나 시설에 가둬두고 이들에 대한 공포와 무지를 생산해낸다. 예전 시골 마을에는 동네마다 정신장애인이 꼭 한둘씩 있었다. 그러나 도시의 정신장애인들은 찻길과 도로, 공원처럼 익명의 공공장소에서 가끔 발견될 뿐, 가족과 친구가 있는 타인과 연결된 사람으로 이해되지 않는다.

병원이나 시설에 보내 병을 치료하라고 하는 것이 무엇이 문제냐고 생각하는 사람이 있을지도 모르겠다. 나 역시 치료가 우선되어야 한다고 생각하는 편이었다. 하지만 일본 정신장애인들의 공동체 '베델의 집'에 대한 이야기 《지금 이대로도 괜찮아》를 읽고서는 생각이 달라졌다. 이 책의 저자 사이토 미치오는 문제를 해결하지 않고, 즉 병을 치료하는 것에 초점을 두지 않고 함께 살아갈 방법을 찾았기 때문에 이 공동체가 유지되었다고 말한다. 베델의 집 사람들은 회의를 중요시한다. 이 회의는 두서없고 효율성 없고 결과도 없다. 그들에게 회의는 문제를 해결하기 위해서가 아니라 둘러앉아 있는 것만으로도 중요하다. 병을 자랑하는 것이 회의의 안건이 될 때도 있다. 이번에는 어떤 증상이 생겼는지 시시콜콜 이야기한다. 베델의 집 사람들은 병이 낫기 위해서가 아니라 병과 함께 살아가는 방법을 선택했다. 이 책을 읽다 보면 우리가 통상 '정상가족'이라고 부르는 가족들이 얼마나 서로를 알기 위한 노력을 하지 않는지 새삼 돌아보게 된다.

9 혁명과 부역

얼마 전 이런 질문지를 받았다. "페미니스트로서 결혼은 가부장제에 부역하는 행위라는 말에 대해 어떻게 생각하세요?" 부역이라는 말에 일단 간담이 서늘해졌다. 우리 사회에서 '부역'이라는 말은 친일 부역자라는 말처럼 주로 국가와 민족을 배신한 자를 지칭하는 무시무시한 용례로 사용되어왔다. 알고 지내던 이웃끼리 적과 아군으로 갈라져 갑자기 싸우게 된 것도 어리둥절한데, 똑똑한 이웃집 자식에게 밥 한 그릇 넘겨주었다고 공산당 부역자가 되어 총살을 당하기도 하고, 전쟁터에 끌려가면 대가 끊길까 봐 하나 남은 손자를 굴에 숨겨두고 징집을 피하려 한 것이 중대한 국가에 대한 반역죄가 되었다. 그런 역사를 가진 나라에서 부역이니 공모니 하는 말들은 참으로 힘이 세다. 나는 그 말들의 힘이 아직도 무섭다.

부역은 어떤 한자를 쓰느냐에 따라 다양한 의미를 가진다. 흔히 사용되는 부역賦役의 사전적 의미는 '국가나 공공 단체가 특정한 공익사업을 위하여 보수 없이 국민에게 의무적으로 책임을 지우는 노역'이다. 부역附逆은 '반역이 되는 일에 동조하거나 가담'한 행위를 말한다. 첫 번째 뜻풀이에서 부역은 국가 혹은 팽창주의적 국가인 제국에 의해 자행되는 인권유린의 현실을 강조한다. 영어로는 강제노역forced labor이라고 하며, 부역자는 자신의 시간과 노동을 착취당한 희생자이다. 이때 부역의 문제는 국가폭력의 가해자성에 초점이 맞춰진다. 두 번째 뜻풀이에서 부역은 나치에 조력하거나 친일 행위를 하는 등 가해자에게 협력하거나 동조한 행위이며, 부역자 개인의 의지와 자발성의 정도에 따라 가해의 일부로서 사회적이고 법적인 책임을 요구받는다. 친일, 친미, 반공 등 다양한 정치적 스펙트럼 속에서 부역의 문제는 결코 단순하게 정의되지 않는다. 우리 사회 구성원들은 저 세 단어에 대해 한 번도 일치된 견해를 가져본 적이 없다. 더구나 가부장제의 부역자라니. 일단 우리 사회에서 가부장제가 나쁘다고 생각하는 이조차 아직은 소수다. 그러므로 부역자 색출 이전에 해야 할 일이 아주 많다는 말이다.

다시 처음의 질문으로 돌아가보자. 결혼 자체를 부역으로 취급하는 것은 가부장제가 무너진 사회에서만 가능하다. 그리고 그런 사회에서 결혼의 의미는 이전과는 다를 것이다. 혼인이 부역의 증거가 되려면 우리 사회의 구성원들이 결혼제도 자체가 공동체의 이해와 정면으로 위배되는 일이라고 생각해야 한다. 가부장제가 불법이 된 순간은 아직 오지 않았을 뿐만 아니라, 혁명이 오기 전에 부역자부터 찾아낸다는 소리는 들어본 일이 없다. 또한 설사 페미니즘이 정말 혁명적으로 관철되어 지금까지의 성과 사랑, 가족을 둘러싼 정치적 환경이 완전히 변했다고 해도 부역자 색출이라는 방식은 일상의 혁명인 페미니즘의 지향 및 방법과는 거리가 멀다. 인종 간 혼인이 불법인 시절에 흑백 커플에게 결혼은 그 자체로 쟁취해야 할 대상이었을 것이고, 동성 간 혼인 역시 그렇다. 설령 이성애자 백인 여성이라고 해도 각자 놓인 조건이 다르다. 여성들이 겪는 성차별의 구체적 현실이 다르다는 점을 인정하지 않는 페미니즘은 없다. 나와 같지 않으면 모두 틀렸다는 생각은 스스로를 공권력으로 만들고자 하는 태도다. 이를 역사와 문화를 근본부터 뒤흔드는 급진적인 문제제기로 혼동하면 곤란하다.

왜 여성 인권인가

1851년 미국 오하이오 애크런 여성 인권 대회에서 한 흑인 여성인권운동가가 손을 들고 연설을 시작했다. “내 팔을 보세요. 이 팔로 밭을 갈고 씨를 뿌리고 수확을 했습니다. 어떤 남자도 나보다 일을 잘하지 못했습니다. 남자들만큼 먹고 남자들만큼 일했습니다. 그리고 채찍도 맞았습니다. 이래도 나는 여자가 아닙니까?” 그녀는 왜 공중 앞에서 자신도 “여자”가 맞다고 연설을 하게 된 것일까. 그녀가 원하는 여자는 어떤 여자였던 것일까? 이 여자의 이름은 소저너 트루스이다. 소저너 트루스의 이 연설을 이해하려면 그녀가 자신도 여자라고 주장하는 것이 무슨 의미인지 생각해야 한다. 그녀는 마차에 내릴 때 손을 잡아주어야 하는 것만이 여자가 아니라고, 자기 같은 하층계급의 흑인 여성도 여자라고 말하고 싶어한다. 그렇다고 해서 다른 여자들처럼 손을 잡고 부축받을 권리를 요구하는 것도 아니다. 그녀가 원하는 것은 노동으로 단련된 자신의 팔뚝을 포함하여 자신이 살고 있는 방식 그 자체를 인정받는 것이다. 그녀는 남자들만큼 맞고 먹고 일하지만 남자가 아니며, 여자들처럼 보호와 부축을 원치도 않는다. 그녀를 (기존의 호명 방식대로) 여자라고 부르는 것은 충분치 않다. 칭찬의 의미를 포함하여 "남자 못지않다"고 이야기하는 식은 사실상 그녀의 몸을 모욕하는 것이기 때문이다.

그렇다면 '인간'이라는 범주에 여성을 포함시키면 되는 문제일까? 하지만 소저너 트루스의 연설은 그것만을 담아내고 있지 않다. 이 연설은 추상적이고 보편적인 인간으로서의 권리에 대한 것이 아니라 흑인 여성노동자라는 특수성과 여성이라는 보편성이 불화하는 방식에 대한 질문이면서, 남성을 보편으로 인식하면서 남성과의 관계를 통해서만 여성을 정의하려는 관행에 대한 비판이다. 진흙탕을 밟을까 봐 조심조심 마차에서 내리는 여성을 '여성다움'의 표상으로 이해하는 것은, 여성들의 실존에서 그 표상이 도출되었다기보다는 이성애 남성의 환상이 반영된 것이다. 그런 추상적 형식으로 존재하는 여성이라는 기호에 소저너는 자신 삶의 어떤 결도 반영되어 있지 않다는 것을 강조했다. 그래서 그녀는 "나는 인간이 아닌가?"라는 말이 아니라, "나는 여자가 아닌가?"라고 질문한다. "남자 못지않다"는 결핍의 말을 통해 인간이 되고자 한 것이 아니라, 내가 여자가 아니라면 누가 여자이며 그것이 여자라고 말하는 이는 누구인지를 묻는 것이다.

서양철학사상사에서 절대적인 지위를 가진 아리스토텔레스는 "여자의 최대 미덕은 복종과 침묵이며, 남자의 미덕은 명령이다"라며 여성은 결코 이데아에 도달하지 못하며, 남성은 여성에의 유혹을 참아야만 이성적 인간이 될 수 있다고 보았다. 여성을 지양할 때 이데아를 가진 제대로 된 남성-시민으로서 살아갈 수 있다고 본 것이다. 이 때문에 소저너 트루스는 "내가 인간이 아닙니까?"라고 묻지 않고 "내가 여자가 아닙니까?"라고 물었다. 여성이면서 그것이 지양되지 않고 동시에 인간일 수 있는 자리가 있는지에 대한 질문이다.

지금까지 여성과 인권이라는 주제의 강연과 글에는 주로 특정 지역 여성에 대한 엽기적인 인권 침해 사례들이 보고되는 경향이 있었다. 예를 들면, 여성생식기를 절단하는 아프리카의 여성할례, 여성의 발을 꽁꽁 묶어두는 중국의 전족, 눈을 제외한 신체를 가리도록 통제하는 이슬람 여성의 복장, 남편을 따라 죽어야 하는 인도의 사티, 한국 여성의 전시동원 성폭력, 태국의 아동 성매매 등이 언급된다. 미국에서는 3분에 한 번꼴로 강간이 일어나고, 살해당한 여성의 40퍼센트 이상이 남편 혹은 파트너에 의해서이며, 인종·계급 문제로 차별당한 여성의 28퍼센트가 감금·납치·강간 등의 폭력에 노출되어 있다는 사실 등은 국제적 여성 인권 이슈로 떠오르지 않는다.

서구화된 눈으로 인권의 보편성과 국제법의 준수를 이야기할 때, 여성과 인권은 미국의 아프가니스탄 전쟁을 여성해방이라는 명분으로 정당화하는 기제로 작동한다. 인도의 사티 풍습은 인도의 가족법과 상속제도의 부계혈통주의를 없애야만 철폐될 수 있다. 태국의 아동 성매매 문제는 유럽 관광객의 소비로 부를 창출하는 것을 핵심 동력으로 삼고 있는 태국의 경제구조 자체에 도전하지 않으면 불가능하다. 그러나 아프리카와 아시아를 특수로 보고, 그 안에 있는 여성들을 서구 여성의 기준에서 호명할 때, 우리는 종종 보편적 인권의 이름으로 자행되는 다른 종류의 폭력을 만나게 된다.

그럼에도 불구하고 인권은 "우리"에 대한 기대와 희망, 연대의 정신을 포기하지 않게 한다는 측면에서 강력하고도 유용한 개념이다. 그 때문에 인권에서 인간이 누구인지를 다시 생각하자고 하는 것은 인권의 불가능성을 사고하자는 것이 아니라, 인권이 좀 더 정치적으로 강력한 도구가 되어야 한다는 주장이다. 성별, 인종, 계급, 나이 혹은 성적 선택과 매개되지 않은 관계란 없다는 것을 인정하고, 이러한 관계맺음 자체가 인간이 무엇인지를 결정해준다는 것을 인식하고, 그 관계의 맥락성을 경유하여 구체적인 개입의 지점들을 만들어내는 것이 필요하다는 의미다. 개인으로서의 인간에 기초한 것이 아니라 개인을 만들어내는 사회관계를 포함해서 인간이 만들어진다고 전제를 변화시켜야 한다. 그래야만 인권이란 이름으로 우리 안의 차이들을 지양하고 인간이란 존재를 추상화하거나, 보편을 그대로 둔 채 차이와 다양성을 단순히 포함하자고 하는 등 인권이 탈정치화되는 방식으로 사용되는 문제에 도전할 수 있다. 페미니즘보다 휴머니즘을 지향한다거나, 여성인권이 아니라 보다 전체적인 인권에 대해 말하고 싶다는 식의 말들이 휴머니즘과 인권을 가장 탈정치적으로 사용하는 것은 아닌지 의심해볼 필요가 있다. 하지만 그렇다고 페미니즘과 휴머니즘이 다르다는 점에만 초점을 맞출 필요는 없다. 가령 페미니즘이 휴머니즘을 재발명하고 있다는 말은 인간에 대한 개념 자체를 바꾸자는 급진적이고도 근본적인 주장이 될 수 있다. 그런 점에서 페미니즘과 여성인권운동이야말로 인간의 조건과 개념 자체를 질문하고 재구성하는 가장 혁명적인 휴머니즘이자 가장 급진적인 인권운동이다.

"18세를 깔보지 마라"

2016년 일본 참의원 선거 당시의 이야기다. 고베 선거관리위원회가 제작한 포스터가 화제였다. 젊은 여성이 정면을 보고 있는 사진 아래 "18세를 깔보지 마라"라는 문구가 적혀 있다. 중장년 남성 일색의 선거문화에 경종을 울린 진취적인 포스터로 호평을 받았다 한다. 한국에서도 2018년 지방선거 때 포스터가 주목을 받은 일이 있다. 서울시장에 출마한 신지예 녹색당 후보가 옆으로 비스듬히 서서 앞을 응시하는 포스터였는데, 화제의 양상이 좀 달랐다. 서울 곳곳에서 벽보가 훼손되었고, 분노 어린 혹평이 쏟아졌다. 하지만 전화위복이랄까. 원외정당 신지예 녹색당 후보는 원내정당인 정의당 후보보다 많은 8만 2000여 표를 얻었다. 젊은 여성들의 표가 모인 결과였다. 하지만 당선권에는 가지 못했다.

여성의 정치적 대표성 문제라면 일본이나 한국이나 모두 상황이 나쁘다. 국제의원연맹 회원국 190개국 중 일본의 여성 국회의원 비율은 10.1퍼센트로 158위여서, 한국보다 한참 낮다. 하지만 일본은 최근 몇 년간 청소년과 여성의 정치 참여와 관련해 커다란 변화를 맞고 있다. 변화는 선거권 연령 하향으로 시작되었다. 2015년 일본은 선거권 연령을 20세에서 18세로 낮췄다. 이로써 한국은 경제협력개발기구OECD 회원국 중에서 유일하게 19세로 투표권을 제한하는 국가가 되었다.

선거권 연령 하향 자체보다도 그로 인해 공론장이 달라진 게 큰 변화였다. 선거권 연령 하향 관련 토론은 대부분 청소년 참정권의 장단점에 초점이 맞춰진다. 단점을 말하는 이들은 하나같이 청소년의 판단능력과 공교육의 정치화를 우려하고, 토론을 빙자해 청소년혐오에 가까운 발언들이 공론장을 점령하기 일쑤다. 이 점은 한국이나 일본이나 마찬가지였다. 하지만 개정 이후 일본의 논의 양상은 완전히 달라졌다. 선거권 연령 하향 이후 처음 실시된 2016년 7월, 제24회 참의원 선거에서 10대의 투표율은 51.3퍼센트로 20~30대보다 높았다. 투표권을 손에 든 100만 명에게 그걸 다시 박탈하자고 할 수 있는 정치인은 없다. 지금 일본에서 청소년 참정권의 주요 토론 주제는 '주권자 교육 방법론'이다. 공론장의 수준이 달라진 것이다.

2015년을 기점으로 여성의 정치 참여에도 큰 변화의 바람이 불었다. 2016년 도쿄 도지사 선거에서 최초로 여성 후보인 고이케 유리코가 당선되었다. 일본에서 여성 도지사의 탄생은 직선제가 실시된 지 69년 만의 일이다. 한국에서는 당선 가능성 유무는 둘째치고 후보마저 되기 어려운 게 현실이다. 2018년 동수제를 기반으로 한 성평등 개헌을 논의했으나 개헌 자체가 어려워졌으니 앞으로 격차는 더 벌어질 것이다. 일본에서는 2018년 여성과 남성 의원 후보자 비율을 동등하게 맞추는 일본판 '파리테(프랑스식 동수제)'가 만장일치로 통과되었다.

물론 선거권 연령을 하향하고, 여성의 정치 참여가 늘어난다고 해서 모든 문제가 해결되는 것은 아니다. 참고로 고이케 유리코는 평화헌법을 부정하고 간토대지진 당시 조선인 희생자를 위한 추도문 작성을 거부한 극우 인사다. 극우에 관심을 가진 젊은 층도 점점 늘어나고 있다. 여성과 청소년의 정치 참여 확대는 그 자체로 특정 진영의 유불리로 계산할 수 없다. 급진좌파 페미니스트부터 극우 민족주의자에 이르기까지 다양한 정치적 색깔을 지닌 이가 더 많이 등장할 것이다. 그럼에도 더 많은 이가 투표권을 가지게 되는 것, 과소대표 되었던 여성이 더 많이 정계에 진출하는 것 자체가 진보적 가치라는 점만은 분명하다. 실질적 민주주의는 평등한 참여가 보장될 때 가능하고, 민주주의의 정치적 효능감은 공론장의 수준이 달라질 때 경험할 수 있다. 선거권 연령 하향과 성평등 민주주의가 중요한 이유다.

더 많은 여성 정치인이 필요하다

마이크 펜스 미국 부통령은 아내 이외의 여자와는 어떤 일대일 만남도 하지 않겠다고 공언했다가, 세계의 수많은 여자 대표와 어떻게 만날 셈이냐며 세간의 빈축을 샀다. 2002년 빌 클린턴 미국 대통령과 대비되도록 신사적인 이미지를 어필하기 위한 말 정도로 취급되었던 '펜스룰(아내 이외의 여자와는 단둘이 식사하지 않는다는 규칙)'은 2018년에는 당대 성차별주의를 대표하는 말이 되었다. 시대가 변한 것이다.

여성이 정치에 진출하던 초기에 여성 정치인들은 남성 중심적인 대의제 내에서 새로운 변화를 일으킬 거라고 주목받았다. 여성은 더 부드럽고, 청렴하고, 헌신적일 거라고 기대를 모았다. 여성 정치인들은 남성 연대 바깥에서 새로운 기대주가 될 만큼 예외적이고 특별한 존재임을 증명해야 했다. 하지만 가족사업의 일환으로 정치에 뛰어들거나, 정당 내에서 기존의 계파 안으로 들어가는 식 말고 새로운 길을 개척하는 여성 정치인을 찾기는 쉽지 않다. 남성 연대의 바깥에 있다는 것은 그만큼 영향력을 발휘하기 어렵다는 의미이기도 하기 때문이다.

스웨덴의 정치학자 드루데 달럽은 1988년 여성이 상징적 존재에 머무르지 않으려면 집단 내에 일정 정도 이상의 수는 확보되어야 제대로 된 목소리를 낼 수 있다는 '임계수치critical mass'라는 개념을 제시한다. 임계수치가 확보되면 그때부터 소수의 대표들이 상징적이고 예외적인 존재가 되라는 압박에서 벗어날 수 있고, 남성 정치인들의 네트워크에 집중된 자원이 약화되어 다양한 방식으로 자원을 조직하는 것이 가능해지며, 이를 통해 권력관계가 실질적으로 변화할 수 있다는 것이다. 여성할당제의 중요성을 일찍부터 파악하고 적극적으로 도입해온 핀란드의 경우를 보자. 1907년 첫 민주 선거부터 10퍼센트 여성할당제를 실시한 핀란드는 현재 세계에서 성평등 수준이 가장 높은 국가이자 세계 최고의 교육을 제공하는 곳으로 부러움을 사고 있다.

2000년부터 2012년까지 무려 12년 동안 핀란드 대통령직을 수행한 타르야 할로넨은 청렴하고 소탈한 성품으로 인기를 끌었고, 여성과 소수자를 위한 정책이 모두를 위한 정책이라는 점을 성공적으로 설득했다. 퇴임 시 할로넨의 지지율은 80퍼센트에 달했고, 국민들은 그녀에게 "12년이나 일하게 해서 미안하다"며 퇴임을 함께 축하했다. 지금 한국은 어떨까. 지방선거를 앞두고 각 정당이 공천과 경선을 마치고 후보를 확정하고 있다. '미투'가 정치권에서도 주요 이슈였기 때문에 이번에는 좀 달라지지 않을까 기대했지만 여당은 광역자치단체장 중 단 한 명의 여자 후보도 내지 않았다. 시대는 달라졌는데 아직 뒤따라오지 못한 것이 많다. 몇몇 특출난 여성이 남성집단 사이에서 특별한 역할을 맡는 정도로는 변화한 시대를 반영할 수 없다. 우리에게는 더 많은 여성 정치인이 필요하다.

3장

피해와
가해의
디스토피아

《82년생 김지영》이 우리 사회에 던진 질문

조남주 작가의《82년생 김지영》이 출간 2년 만인 2018년 11월에 누적 판매량 100만 부를 넘겼다. 여성 독자의 수가 남성에 비해 세 배 이상 많기는 하지만, 100만 부라는 판매량은 여성과 남성 모두의 관심이 있어야만 가능한 수치일 것이다. 이 책을 출간한 출판사는 2017년 5월 노회찬 의원이 문재인 대통령에게 이 책을 선물했을 때와 2018년 1월 미투운동의 시발점이 된 서지현 검사가 이 책을 언급했을 때 판매가 급증했다고 전한다. 30, 40대 남성들은 현시대의 여성들이 느끼는 '이름 붙일 수 없는 문제'에 대한 하나의 해답을 안겨준 책이었다고 고백한다. 여자친구 혹은 부인이 사줘서 읽었다는 말을 꼭 덧붙이는 점도 흥미롭다.

'이름 붙일 수 없는 문제'라는 표현은 1963년 미국의 제2물결 페미니즘을 이끌었던 페미니스트이자 사회심리학자 베티 프리단이《여성성의 신화》에 쓴 말이기도 하다. 당시 미국 여성에게 행복하고 완전한 삶이란, 부엌 바닥에 왁스를 칠해 광을 내고 아이를 위해 최고의 유기농 이유식을 만들고 새로 산 세탁기 성능에 기뻐

하는 모습으로 재현되었다. 아내나 딸이나 며느리나 엄마가 아니라 오롯이 자신의 삶을 생각하는 여성은 어딘가 정신적으로 문제가 있다고 여겨졌다. 베티 프리단 역시 책을 쓰기 전까지 여성 문제가 존재한다는 사실조차 의식하지 못했다. 하지만 남편을 챙기고 아이를 돌보고 어르신을 모신 후 잠자리에 들 때 '이런 삶이 과연 전부일까?'라는 귓가의 목소리를 외면할 수 없어서 마침 동네에 생긴 공립도서관에 자리를 신청해 글을 쓰기 시작했나고 한다. 시사 프로그램 메인 작가로 일하다가 육아 문제로 경력단절 전업주부가 된 조남주 작가 역시 당시를 "글을 쓰지 않으면 미칠 것 같았던 시간"이라고 회고한다.

하지만 82년생 김지영이 겪는 문제는 '이름 붙일 수 없는 문제'라는 국면에 멈춰 있지 않다. 김지영이 살아간 한국 사회의 풍경은 다음과 같다. 사상 최악의 여아 낙태가 자행된 1980년을 살짝 비켜서 태어났고, 대입까지 성차별을 경험하지 않았다고 생각했다. 1996년은 고등교육의 불평등이 해소되어 대학 입학 신입생의 성비가 거의 비슷해진 시기였다. 1998년 남녀차별금지법이 만들어졌고 2001년 여성부가 신설되었고 2005년 호주제가 폐지되었다. 명시적 성차별은 사라진 것처럼 보였다. 하지만 여성이 겪고 있는 현실은 '이름 붙일 수 없는 문제'가 아니라, '이미 낡아버린 문제'로 취급되어 다시 언급하기 어려워졌을 뿐이었다. 독박육아부터 명절노동에 이르기까지 한국의 기혼여성이 겪고 있는 현실은 여전히 '유교적 가부장제'로 설명될 만큼 과거의 시간성 속에서 경험되고 있지만, 신자유주의 체제는 그 지독한 성차별적 현실을 철저하게 개인의 선택에 따른 결과로 정당화했다. 그 결과 사라진 것은 성차별이 아니라 성차별이 존재한다는 말이었다. "요즘 무슨 성차별이야, 역차별이 더 문제지", "요즘은 여성 상위시대잖아", "우리 같은 시댁이 어디 있니, 나 옛날 사람 아니다" 같은 식의 말을 다들 익히 들어봤을 것이다.

이런 말들을 포스트-페미니즘적 감성post-feminism sensibility이라고 부르는데, 성차별은 이미 지나가버린 문제거나 저 멀리 있는 다른 후진적 사회에서나 볼 수 있다고 생각하는 태도를 말한다. 《82년생 김지영》이 포착해낸 핵심적 시대정신은 바로 여기에 있었다. 이미 지나간, 낡아버린 문제처럼 보이게 만든 것 자체가 새로운 형태의 성차별적 현실이라는 점 말이다.

《82년생 김지영》에서 단 하나의 문장을 꼽으라면 단연 이 문장이다. "사람들이 나보고 맘충이래."(출판사에서 제공한 어깨가 축 늘어진 여성의 뒷모습을 담은 일러스트와 함께 쓰인 이 문장은 그 자체로 하나의 대표적인 이미지가 되었다. 책은 몰라도 이 문구를 아는 사람은 100만 명을 훌쩍 넘을 것이다.) 경력단절과 독박육아에 지쳐 커피 한잔을 마시려던 김지영 씨의 귀에는 전업주부를 멸시하는 새로운 호칭인 '맘충'이라는 말이 꽂힌다. 맘mom+충蟲. 엄마의 줄임말이자 영어 맘과 한자 벌레 충 자를 결합한 신조어인 '맘충'은 한국의 여성들에게 지금 처한 현실을 매우 명징하게 자각하게 하는 언어적 방아쇠였다. 작가는 2013년부터 만 0~5세 영유아에 대한 전면 무상보육이 실시되면서 전업주부를 비난하는 목소리가 커진 상황에 주목했다. 이 정책은 아동수당과 같은 형태가 아니라 어린이집에 정부 지원금을 주는 형태였기 때문에 가정 보육을 하는 것보다 어린이집에 보낼 때 훨씬 더 이득을 받도록 설계됐다. 하지만 아이를 어린이집에 맡길 수 있는 시간은 보통 오전 9시에서 오후 3시 사이였으므로 다시 경제활동을 시작하기는 어려운 조건이었다. 바로 이 시기부터 전업주부에 대한 혐오가 정당화되었고 비난이 쏟아지기 시작했다. 작가는 소설에서 바로 이런 사회적 혼란 속에 던져진 여성들이 보편적으로 겪고 있는 이야기를 구현해내고자 했다. 그렇게 해서 "사람들이 나보고 맘충이래"라고 남편에게 말하는 장면이 탄생했다. 맘충이라는 말의 등장은 실패한 정책의 책임을 개인에게 묻는 것이 당연해진 '여혐민국'을 집약적으로 가시화했고, 혐오가 만연한 사회가 넘어버린 어떤 선을 상징하는 것이었다.

어머니마저도 여성혐오의 대상에서 예외가 되지 못한다면, 가부장제 사회가 요구하는 성역할을 아무리 성실하게 수행하더라도 단지 여성이라는 이유로 모욕을 당한다면, 그 역할에 몰두할 이유가 더는 없지 않겠는가. 그렇다면 이 돌이킬 수 없는 깨달음에도 불구하고 과거의 선택을 취소할 수도, 현재를 놓아버릴 수도 없는 김지영 씨는 어떻게 살아가야 할까. 자꾸 다른 여성으로 빙의하는 김지영 씨를 자기 자신으로 돌아오게 하는 방법은 뭘까. 이것이 이 소설이 우리 시대에 던지는 질문이다. 그리고 김지영의 처지에 깊은 동질감을 느낀 동시대의 여성들은 그 대답을 페미니즘에서 찾았다.

여성도 권력이 필요하다지만

일부 대학에서 총여학생회가 공식적으로 '폐지'되었다. 자연 소멸이 아니라 총투표 등을 통해 공식 폐지가 되었다는 점에서 이는 대학 학생 자치기구의 대표성 위기가 징후적으로 드러난 사건이기도 했다.

대학 사회의 학생 대표성은 여러 번 위기에 부딪혔다. 첫 번째는 1990년대 중반 등장했던 매우 적극적인 탈정치 요구였다. 학생 자치를 가로막는 낡은 법은 대학생의 정치화를 적극적으로 막았고, 비운동권 학생회는 정치 투쟁이 아니라 학내 복지 사업에 집중하겠다고 했다. 2000년대 중반부터는 학생회에 대한 무관심이 대학 사회를 지배했다. 운동권인가 비운동권인가는 더는 중요하지 않았다. 학생회 선거 출마를 결심하는 이 자체가 드물었고 투표율은 저조해서 며칠씩 투표 기간을 연장하는 일이 비일비재했다. 학생 복지를 외치는 것만으로도 매우 정치적인 행동이었고, 반값 등록금이 가장 중요한 정치적 의제로 오랫동안 회자되었다. 그리고 이제 또 10년이 훌쩍 지난 지금은 '소통'이 새로운 문제로 부상했다. 지난 몇 년간 일부 대학의 총학생회장단은 정치적 입장을 표명하는 과정에서 충분히 소통하지 않았다는 이유로 집중적인 비판을 받았다.

소통이 문제가 된 사건은 공교롭게도 모두 페미니즘 관련 의제라는 공통점이 있다. 몇 년 전 서울대 총학생회장은 여학생이 모여 있는 곳을 "꽃밭" 운운해서 탄핵당할 뻔했고, 서강대 총학생회는 안희정 1심 재판부의 무죄 판결을 규탄하는 성명을 발표했다가 학내 반발에 부딪혔다. 숙명여대 총학생회는 자유한국당 김순례 의원의 5·18 관련 망언을 규탄하는 성명서를 발표했다가 "여성 네트워크를 방해하고 지나친 도덕적 검열을 가하는 자칭 페미 총학을 규탄한다"는 등의 학내 구성원들의 반발로 해당 성명서를 철회하는 일도 있었다. 여기에서 주목할 점은 '정치적인 것'의 내용이 그전과는 판이하게 달라졌다는 점이다.

대학 사회의 변화는 향후 대중정치 방향이 어디로 갈 것인지에 대한 중요한 참조점이 될 수 있으므로, 우리는 모두 대학 사회에 불고 있는 대표성의 위기와 정치의 내용 변화에 주목해야 한다. 분명한 변화는 이제 선출된 이후 결과에 '승복'하는 식의 정치는 더는 없다는 것이다. 정치인들은 대의제에서 필연적으로 발생하는 대표되는 자와 대표하는 자 사이의 갭을 줄이기 위해서 지금보다 더욱 노력해야만 한다. 당선은 결과가 아니라 시작일 뿐이다. 또 다른 변화는 우리 사회의 성차별 문제에 대한 인식과 해법은 이제 중요한 정치적 의제가 되었다는 점이다.

하지만 이를 무조건 여성을 지지해야 한다는 말로 들으면 곤란하다. 이는 여성이니까 절대 안 된다는 말과 동일한 말이다. 페미니즘은 여성을 단수의 기호에서 복수의 존재로 변경하고자 하지 다시 여성을 커다란 하나의 덩어리로 만들려는 정치학이 아니다. 숙명여대 총동문회가 김순례 의원에게 '2016 올해의 숙명인상'을 준 것을 철회하도록 요구한 총학생회의 성명서는 동문 여성들끼리의 싸움을 보여주게 되어 이미지가 나빠질 것을 걱정한 일부 학생들의 우려와는 달리, 오히려 여성들 간의 의미 있는 정치적 차이를 드러내주었다. 김 의원은 세월호 유가족이 국가유공자 연금액의 240배나 되는 보상금을 요구한다며 '거지근성'을 가졌다고 비난하는 가짜뉴스를 공유해서 자신이 소속됐던 대한약사회로부터 부회장 3개월 직무정지라는 징계를 받았고, 정부의 회계감사를 거부하는 한국유치원총연합회를 비호하며 "정부 지원금을 막 썼다고 (정부가 유치원을) 탄압한다"고 성토했으며, 5·18 유공자들을 "세금을 축내는 괴물집단"이라고 막말을 한 인물이다.

여성이 권력을 가지는 것은 중요하다. 하지만 정부 지원금을 막 쓰고 약자를 패기 위해 권력을 가지려는 사람이라면, 그가 여성이라고 해서 무조건 지지할 수는 없는 일이 아닌가. 그렇다고 안티페미니즘을 자신의 정치적 입장으로 선택할 것인가? 바른미래당 하태경 의원을 비롯하여 경쟁자가 아주 많다. 성차별을 사소한 문제로 취급하여 이를 피해가는 것 역시 불가능하다. 지금 성차별 문제는 가장 뜨거운 정치적 이슈이고 앞으로 더 중요해질 것이다.

역차별은 없다

2018년 서울시는 14개 시립청소년수련관 부설 수영장에서 운영하던 여성전용 수영반을 폐지했다. 역차별이라는 민원에 따라 양성평등 취지를 살리겠다는 것이다. 지방자치단체의 여성전용 정책이 역차별이라는 주장이 나온 건 하루 이틀 일이 아니다.

2008년 경기도 일부 시외버스회사는 여성전용 좌석을 운영했지만 역차별이라는 반발에 부딪혀 없앴고, 2011년 일부 고속도로 휴게소는 여성전용 흡연구역을 설치했다가 유야무야한 바 있다. 2009년부터 서울시에서 도입하여 전국으로 확산된 여성우선 주차장 역시 역차별 논란의 단골 소재다. 부산 지하철에서는 2016년 9월 출퇴근 시간에 여성전용칸을 지정해 운영하겠다고 했으나 시행 직후부터 역차별 논란이 있었다.

과연 이 정책들은 역차별일까? 역차별의 개념부터 살펴보자. 역차별이란 연령, 인종, 젠더 등에서 사회적으로 유리한 위치라고 간주되는 다수 그룹에 속했다는 이유로 차별받는 경우를 말한다. 역차별이 성립하려면 선행 조건으로 차별이 금지되어야 한다. 그런데 현재 한국에서는 차별을 금지할 수 있는 법·제도가 제대로 마련되어 있지 않다. 역차별을 주장하려면 차별금지 정책으로 개인이 구체적인 손해를 입어야 한다는 것을 입증해야 하는데, 차별금지법이 없는 상황에서 만들어진 산발적인 차별금지 정책은 대부분 유명무실하다.

일부 고속도로 휴게소에 설치된 여성전용 흡연구역은 오히려 이목이 집중될 것을 저어한 여성 흡연자들이 이용하지 않아서 없어졌고, 지하철 여성전용칸 역시 운영상 어려움으로 제대로 시행되지 않았다. 여성우선주차장에 남성 운전자가 주차한다고 해서 제재하는 것도 아니다. 즉, 차별금지법이 없는 상황에서 개인에게 구체적인 손해가 발생할 정도의 강제성 있는 차별금지 정책은 사실상 존재하기 어렵다. 차별을 금지하는 법조차 없는 것이 우리 사회의 현실인데도, 역차별 담론은 우리의 구체적인 삶과 그 삶을 가능하게 하는 조건에 대한 이해를 불가능하게 하고 정치적 상상력을 닫아버린다.

하지만 해당 정책이 있다는 것 자체만으로도 성차별은 이미 사라졌다는 단언과 함께 역차별 논란이 끊이지 않는다. 법·제도적 기반 없이 급조된 여성전용 혹은 여성친화를 내세운 정책들은 역차별을 발생시키기보다는 오히려 성차별을 강화한다. 고정관념과 편견에 기반하거나 성별분업 문제에 대한 고민 없이 편의주의적 발상으로 만든 정책이 대부분이기 때문이다. 여성우선주차장의 도입 취지는 여성 운전자의 운전 미숙, 주차장 안전문제에 따른 더 넉넉한 주차공간의 필요 등이었다. 여성 운전자의 운전 실력에 대한 편견을 가중했다는 점에서도, 주차장의 안전관리와 시설개선 전반에 대한 책임을 최소화하려는 시도였다는 점에서도 성평등 정책의 정신과는 거리가 멀다.

정책 입안자와 담당자는 역차별 담론 자체가 성차별 문제를 가릴 수 있다는 점을 사려 깊게 살펴야 한다. 일례로 역차별이라는 여성전용 수영반 폐지 민원에 대해 별다른 논평 없이 전격 수용한 서울시와 인권조례가 있는 수원시의 접근방식은 달랐다. 수원시 시민인권보호관은 여성주부반 운영은 성평등 정책이나 여성친화 정책의 일환이 아니라 수영장 쪽의 영업이익 추구가 목적이었다는 점을 짚고, 해당 시간대의 남성 전업주부 비율이 점차 높아지는 현실이 반영되지 않은 점은 오히려 성역할에 대한 고정관념에서 기인한 것이라는 요지의 결정문을 냈다. 결과는 동일하다 해도 과정이 달라지면 공론장의 수준이 변할 수 있다는 걸 보여주는 좋은 사례다.

모두 얼마 받고 있습니까

릴리 레드베터, 미국 동일노동 동일임금 투쟁의 상징적인 인물이다. 그가 각성하게 된 계기는 다른 사람의 급여를 우연히 알게 되면서였다. 훗날 "인생을 바꾼 쪽지"라고 명명된 그 종이에는 자신의 급여와 함께 같이 일하는 관리자 세 명의 급여가 적혀 있었다. 오랫동안 자신이 남자 동료에 비해 적은 돈을 받고 있을 거라는 심증은 있었지만 증거가 없었던 터에, 이 명세서는 움직일 수 없는 물증이 됐다. 타이어 회사 굿이어 공장에서 20년간 일하며 최초의 여성 관리자 직위까지 올랐지만 결국 돌아오는 것이 이런 차별 대우라니. 그는 눈을 질끈 감고 남자들만큼 인정받기 위해 더 오래, 더 성실하게, 더 똑똑하게 일해야 한다고 생각했던 자신의 과거를 떠올렸다. 그 명세서는 인정받기 위해 애쓴 그동안의 모든 노력을 아주 간단하게 비웃고 있었다.

애초에 여자로 태어난 게 잘못이었나. 아니, 여자로 태어난 게 잘못이라는 생각을 하도록 만드는 사회가 잘못이었다. 그는 자신의 성별이 문제라는 생각 대신 성차별이라는 진짜 문제를 고치기로 마음먹는다. 그러고는 1979년 입사한 이래 20년간 차별 때문에 받지 못한 22만여 달러를 돌려달라는 소송을 제기한다. 이 소송에서 이기면 재분배의 패러다임이 바뀔 판이었다. 과거의 차별에 대한 보상을 받는다는 것은 차별을 통해 쌓아올려진 체제 내부의 기득권 전체와 싸우는 일이다. 아직 그런 싸움에서 과거 차별에 대한 보상이 완전하게 이루어졌다는 사례는 들어본 일이 없다. 대신 미래의 규칙이 달라진다. 릴리 레드베터의 소송도 그러했다.

결과적으로 릴리 레드베터가 받아야 할 정당한 임금을 법적으로 돌려받는 데에는 실패한다. 하지만 문제 자체를 없앨 수 있는 길이 열렸고 그것이 곧 새로운 역사의 시작이 됐다. 2009년 1월 29일, 오바마가 미국 대통령으로서 처음 서명한 법안의 이름은 '릴리 레드베터 공정임금법'이었다. 공정임금은 동일노동 동일임금이라는 가치를 실현하기 위한 초석이 됐을 뿐만 아니라 다른 변화로도 이어졌다.

이 모든 것은 릴리 레드베터가 우연히 다른 사람의 급여를 알게 되면서 시작됐다. 기업 경영혁신 전문가인 데이비스 버커스는 월급을 공개하자고 주장한다. 노동자 입장에서 임금 협상 과정의 극단적인 정보 불평등 문제를 해결할 수 있는 것은 물론, 사용자 쪽에서도 급여를 공개했을 때 얻는 이득이 비밀로 했을 때보다 크다는 주장은 신선했지만 비현실적으로 들렸다. 하지만 실제 급여 공개를 도입한 기업들에서는 성차별 임금을 비롯해 불공정한 임금체계 문제가 더 많이 해결됐을 뿐만 아니라 노동자의 전반적인 만족도 역시 높아졌다. 불공정한 평가를 받고 있을지 모른다는 '무지'에 기반한 부정적 감정이 사라지게 되었을 때 효율은 높아지고 이직률은 낮아졌다. 적절한 '앎'이 더 나은 삶으로 이어지게 된 것이다.

릴리 레드베터는 똑같은 일을 하는 사람이 자신보다 훨씬 더 많은 급여를 받고 있다는 걸 '알았을 때' 참을 수 없는 모욕감과 분노를 느꼈다고 했다. 청소노동자 김순자도 마찬가지였다. 2012년 대선에 출마한 그는 2003년 청소일을 시작했는데, 2006년 노조를 결성하기 전까지만 해도 자유한국당의 전신인 한나라당의 지역위원장까지 지냈던 보수파였다. 그를 각성시킨 것은 다른 사람의 급여가 얼마인지 안 일이었다. 자신은 60만 원을 받고 같은 일을 하는 정규직은 250만 원을 받는다는 것을 알게 된 이후 그의 삶은 완전히 달라졌다. 2012년 대선에서 김 후보가 텔레비전에 나와 아무리 대단한 일을 한다고 해도 사람과 사람 사이의 월급이 몇백 배 몇천 배씩 차이 나는 것은 이상하지 않냐는 질문을 던지는 장면은 지금도 생생한 기억으로 남아 있다.

차별은 어쩌면 당연하다는 생각, 운도 능력이라는 생각 등 우리 사회는 차별을 정당화하는 감정으로 가득 차 있다. 그 감정은 자기 자신 역시 차별의 당사자가 될지도 '모른다'는 불안에 기반한다. 얼마 전 파트너의 희망 연봉에 대한 기사가 나왔는데, 여자가 남자 파트너에게 바라는 희망 연봉이 더 높다는 이유로 남자에게 기생하려는 여자의 심리라고 비난하는 댓글이 잔뜩 달렸다. 그 누구도 그런 모욕을 감수하며 타인에게 기생하고 싶어 하지 않는다. 차별이 있다고 증명하기도 지쳤다. 그러니 그냥 모두 연봉을 공개하자. 그리고 그 앎에서 이야기를 시작해보자. 모두 얼마 받고 있습니까?

남한 영화의 북한 여성

드라마 〈밀회〉에서는 조선족 여성(서정연)이 재벌 회장의 구애를 단칼에 거절하며 이렇게 일갈하는 장면이 나온다. "나 이래 봬도 모택동 주석이 대문호 루쉰을 기리기 위해 세운 학교 다녔고, 만 인민이 다 평등하다, 내가 내 주인이다, 그렇게 배운 사람이오." 내가 알기로 식당 일을 하는 '조선족' 중년 여성을 사회주의 교육을 받은 '배운 여성'으로 재현한 건 이 드라마가 처음이었다. 계급-국적-젠더-나이로 켜켜이 쌓아올려진 스테레오타입이 한번에 부서지는 호쾌한 장면이었다.

그렇다면 북한 여성은 어떻게 그려지고 있을까. 지난 평창동계올림픽과 남북정상회담의 화제는 단연 북한 지도층 여성들의 거침없는 태도였다. 최고 권력자와 혈연과 가족의 연으로 이어져 있다고는 하나 그 당당한 태도로 미루어 짐작건대 북한 여성들은 남한의 정치인 부인이나 누이의 위치에서 허용되는 권력 이상을 누리고 있음이 분명했다.

하지만 한국 영화에서 북한 여성이 재현되는 방식은 구태, 그 자체다. 영화 〈코리아〉에서 리분희로 분한 배두나가 특유의 카리스마를 보여준 것을 제외하고는 대부분의 남성 중심 북한 소재 영화에서 북한 여성은 남한 여성보다 더 순종적인 아내의 모습으로 등장한다. 〈공작〉에서 남편이 데려온 친구를 위해 밥상 혹은 술상을 차리고 뒤로 빠지거나, 〈강철비〉에서 위험한 길을 떠나는 남편을 배웅하는 역할로 나오는 식이다.

실제는 어떠했을까. 〈공작〉에서는 '고난의 행군기'의 북한이 시대 배경으로 등장한다. 자연재해 등으로 생산량이 급감한 데다가 김일성 주석이 사망한 직후의 정치적 혼란기라 배급마저 중단되어 최소 수십만 명에 이르는 북한 주민이 굶어 죽은 참혹한 시기였다. 북한 여성들은 생존 전쟁의 전사가 되어 특유의 승부욕과 생활력으로 이 시기를 이겨냈다. 《북한 녀자: 탄생과 굴절의 70년사》를 쓴 박영자에 따르면, 당시 북한 여성들 사이에서 유행한 말은 "달리는 여맹, 앉아 있는 당, 서 있는 사로청"이었다. 사로청은 김일성사회주의청년동맹으로 남성조직을 통칭하는데, 당과 청이 제 할 일을 못하고 있을 때 여성조직인 여맹이 주도해 소매를 걷어붙이고 생활문제를 해결해나갔다는 것이었다. 북한 여성들은 새벽부터 나와 길을 쓸고 닦고 퇴근 후에는 장마당을 열고 국경을 넘어 식량을 직접 구해오는 등 북한 사회의 체질을 바꾸었다. 얼마 전 만난 한 새터민 여성은 당시 여성들이 노력해서 마이너스 성장이 플러스 1퍼센트 성장이 되었으며, 당 차원에서 다 여성들 덕분이라며 칭송하는 노래를 부르기도 했다고 회고했다.

남한도 다르지 않다. 1997년 외환위기 때 대량해고된 여성들은 같은 직종에 비정규직으로 재취업해 저임금·장시간 노동을 하며 경제위기의 한파를 온몸으로 겪었고, 금모으기운동에 열정적으로 동참해 외환유동성 위기를 극복했다. 하지만 위기의 시대를 생존 전쟁의 전사로 살아온 남북한 여성의 모습은 형제애 가득한 스크린 어디에도 존재하지 않는다. 젠더의식 없는 리얼리즘이 종종 난센스가 되는 순간이라고나 할까.

● 9 가족 같은 분위기

버스정류장 매표소 한쪽에서 마치 오징어 같은 구인전단지가 너풀댔다. 가족 같은 찬모 구함, 월 220만 원, 오전 10시~오후 10시, 주1일 휴무. 주 72시간을 일하고 정확히 최저임금을 지급하는 조건. 사람이 쉽게 구해질 리 만무하다. 붙여놓은 분에게 알려드리고 싶었다. '가족 같은'이라는 말만 빼도 어쩌면 조금은 더 쉽게 구해질지도 모른다고. 내친김에 벼룩시장을 펴들고 구인구직란을 살펴봤다. 가족 같은 홀서빙, 가족 같은 여주방장, 가족 같은 분위기 요양보호사, 가족 같은 간호조무사…. '가족 같은'이라는 수식어는 구인란에서 가장 월급을 적게 주고, 여성이 많이 몰려 있는 직업군에서 집중적으로 발견되었다.

구직자에게 가족 같다는 말이 호감을 살 거라고 생각한다면 완전히 틀렸다. 사용자는 따뜻하고 화목한 성장의 공간으로 이 문구를 사용했을 테지만, 노동자는 착취와 폭력에도 쉬이 문제제기할 수 없는 공간으로 '가족 같은' 현실을 경험한다. 김보통 만화작가가 "조직의 끈끈한 정을 원치 않는 사람"을 구인광고로 올려서 호응을 받았던 것도 이 같은 이유다. 가족 같은 분위기를 강조하는 회사일수록 회식이 잦고, 업무가 공사영역을 마구 오가며, 급여가 적다.

가족에 내재된 의미와 경험도 달라지고 있다. '가족 같은'이라는 수식에 대한 경험 차이는 한 가족 안의 세대와 성별에 따라서도 다르다. 누군가에게 가족은 지지와 격려와 지원을 받는 행복, 화목, 성장의 공간이지만, 다른 이에게 가족은 서로가 서로의 볼모가 되어 희생과 봉사와 돌봄을 해야 하는 유폐, 착취, 폭력의 공간이다. 부모는 자식에게 지원을 아끼지 않으려고 수명을 단축해가며 일을 하지만, 그 이유로 자식에게 가장 큰 상처를 주는 일도 서슴지 않는다. 학생들의 보고서에는 가족에게 받은 학대의 기록이 적지 않게 등장한다. 혹독하게 체중 관리를 시키는 어머니와 딸의 옷차림을 보며 길거리에서 낯선 아저씨가 하는 말을 그대로 던지는 아버지의 사례는 양반이다.

한샘 성폭행 사건이 인터넷 실시간 검색에 오르고 며칠 후 한샘 사장은 "사회생활을 시작한 어린 직원을 잘 돌보지 못한 것에 대한 도의적 책임을 면할 수 없다"며 전 임직원을 대상으로 사과문을 보냈다. 참고로 한샘은 가족의 화목한 대화가 가능한 공간을 만들겠다는 기업이념을 표방하고 있다. 나는 이전에 이것과 완전히 똑같은 사과를 목격한 적이 있다. 동료 교수의 성폭력 사건 처리를 담당한 교수가 사건을 알고 항의하러 찾아온 학생의 '아버지'에게 한 말이었다. "따님을 저희에게 맡겼는데 지켜주지 못해서 죄송하다"는 것이었다. 우리 사회는 성인 여성을 공적으로 대하는 방법을 알지 못하는 것이 분명하다. 이게 다 가.족.같.은 분위기 타령 때문이다.(띄어쓰기에 주의할 것)

피해와 가해의 디스토피아

연상호 감독의 영화 〈부산행〉은 애니메이션 〈서울역〉과 같이 보면 좋다. 연상호 감독의 단편을 비롯한 전작들에 흐르는 한 가지 메시지가 있다면 인간의 입체성이다. 감독은 피해자와 가해자를 선과 악으로 구분하지 않는다. 그가 그려내는 비극적 사건들은 사회의 산물이지만 선을 넘는 순간 생겨난 결정적인 파국은 개인의 선택에 따른 결과다. 따라서 그의 영화에서는 아무도 쉽게 면죄부를 얻지 못한다. 그런 점에서 선악을 분명히 구분한 〈부산행〉은 무척 의외였고, 〈서울역〉을 보고 난 다음에는 앞으로 이 사고실험이 어떻게 전개될지 궁금해졌다.

주류 질서에서 성공한 성인 남자주인공과 비주류 하층계급 미성년 여자주인공에게 좀비 바이러스라는 동일한 사회적 조건이 주어지면 어떤 일이 일어날까. 〈부산행〉의 남자주인공은 자신의 성공만을 위해 내달리는 냉혹한 펀드매니저이지만 절체절명의 순간 다른 무엇보다도 딸을 지키기 위해 분투하는 아버지로 그려진다. 그는 공동체가 파괴되고 사회가 위기에 빠지자 아이를 지키고 임신부를 지키려는 숭고한 선택을 한다. 이는 좀비영화 장르의 규칙을 어겼다는 수많은 논쟁을 불러일으키기도 했다. 가족이 해체되고 있는 시대에도 여전히 가족을 통한 구원 담론이 인기를 끄는 이유는 역설적이게도 모든 사회적 관계가 망가지고 있기 때문이다. 누구나 연결감과 소속감을 가지고 싶어 하지만 아무도 방법을 모르기 때문에 다시 가족으로 회귀하는 것이다.

〈서울역〉의 여자주인공은 아무와도 연결되어 있지 않다. 가족과 업주로부터 도망쳐 나온 여자주인공 곁에는 PC방에 진 빚을 갚기 위해 그녀에게 몸을 팔라고 하는 남자친구뿐이다. 먹이사슬의 마지막에서 늘 희생자였던 미성년 가출 소녀에게 인간은 좀비보다도 더 나은 대안이 아니다. 여자주인공은 아무것도 지킬 게 없고 아무도 지켜주지 않는 세계를 홀로 헤쳐나간다. 〈부산행〉의 남자주인공이 좀비가 되는 걸 곧 인간성의 상실이라고 받아들인 것과는 달리, 〈서울역〉에서 좀비가 되는 것과 인간이 되는 것은 질적으로 구분되지 않는다. 오히려 좀비가 되면 성별, 나이, 계급 차이로부터 발생하는 폭력이 일거에 사라진다. 그녀가 구타나 강간이나 살해를 당하지 않으면서 인간성을 유지할 수 있는 방법은 '없다'. 〈서울역〉의 마지막 5분은 사회와 어떠한 연결도 찾지 못한 여자주인공이 사회와 동일해지는 데 성공한 장면이다. 인간으로서는 불가능했지만 좀비로서는 가능했다. 나는 이 영화를 보고 1020 세대가 이번 생은 망했다고, 여기는 지옥이라고 입버릇처럼 말하는 이유를 드디어 알았다. 이곳이 실제로 디스토피아이기 때문이다.

무지의 특권에서 혁명적 정직성으로

청와대 행정관 탁현민 씨를 둘러싸고 2017년 5월 22일부터 두 달 동안 이어진 논란은 여러 의미에서 놀라웠다. 그가 쓴 여러 책에서 논란이 된 말들은 한두 가지가 아니었는데, 그 내용을 간단히 기술하면 이렇다.

'콘돔은 섹스의 진정성을 의심케 한다. 때로는 스릴에 몸을 맡겨라. 임신한 여교사에게 성적 판타지가 있다. 임신을 했다면 섹스를 했을 거라는 생각이 자동으로 연상되기 때문이다. 고등학생 시절 중학생 여자애랑 자봤다고 자랑하는 친구의 말을 듣고 가서 나도 달라고 했다. 내가 4등이었고, 시골에서 올라온 그 여자애는 참 쿨했다. 사업하던 시절 예쁘게 생긴 신입사원을 홍보담당자로 보냈더니 아는 기자가 고맙게 뭘 이런 거 다 보냈냐고 농담하더라. 여자는 예쁘면 어느 정도 선까지는 다 용서가 된다. 그렇다고 예쁘기만 해선 안 된다. 가슴에 볼륨도 있어야 하고, 가슴골을 적당히 과시할 줄도 알아야 한다. 룸살롱 아가씨는 대화가 가능해야 하기 때문에 너무 멍청해서는 안 된다. 서울의 유흥업소 성산업은 진짜 대단하다. 8만 원에서 수백만 원까지 돈만 있으면 못할 게 없다. 남자들이 한국 사회에서 여자에 비해 더 누릴 수 있는 게 있다면 나이트와 룸살롱에 자유롭게 드나드는 거다. 하지만 설사 나이트 클럽에 가서 낯선 여자와 '원나잇'을 해도 집에는 꼭 들어간다. 아내는 엄마니까. 집에 가서 엄마가 빨아준 옷 입고 출근해야 개운하다.'

무려 단행본 세 권에 걸쳐 그가 쏟아낸 말이다. 맥락이 오도되거나 침소봉대라고 오해하기에는 매우 일관성이 있다. 그가 주장하는 성적 자유는 철저하게 남자를 위한 것이다. 그의 세계에서 여자의 쓸모는 엄마처럼 밥해주고 빨래해주거나, 섹시해서 섹스를 하고 싶어지는 존재에 국한된다. 이 논란의 과정을 처음부터 유심히 관찰한 결과, 탁현민 편을 드는 사람들은 처음엔 그의 발언들이 잘못됐다고 선을 그었다. 다만, 그가 지금은 변했으니 기회를 주자고 말했다.

하지만 당사자와 청와대의 침묵 속에 이 논란에 끼어들 자격이 없는 사람들(자유한국당 말이다)까지 뛰어들자, 탁현민은 "자신의 말이 많은 부분 왜곡됐지만, 반성한다"고 인터뷰했고, 친구들과 '공유'한 쿨한 여중생의 이야기는 사실이 아니라 '대놓고 나쁜남자' 캐릭터를 연기한 결과라고 변명했다. "…라면 미안"이라는 전제를 붙이고, 진짜 잘못에는 오리발을 내밀며, 자신의 발언이 왜곡 전달됐으므로 억울하다는 내용까지 '나쁜 사과의 전형' 3종 세트가 다 들어간 인터뷰였다.

곧이어 청와대에서는 탁현민의 거취 문제를 논의한 적 없다는 기사가 나왔다. 그가 이 논란 때문에 그만두는 일은 없을 것이라는 분명한 메시지였다. 이에 따라 그를 옹호하는 목소리도 변했다. '사실 남자들이 다 그렇지 않은가. 이런 생각을 글로 쓰지 않을 뿐 남자들 대부분은 그렇게 생각한다. 그의 말이 좀 저질스럽지만 범죄는 아니지 않나' 등의 말들이 쏟아졌다. 저 정도 발언은 한국 남성의 문화적 습속이므로 지나친 단죄는 희생양을 찾는 조리돌림이라는 주장, 사소한 문제에 집착하지 말라는 목소리도 어김없이 나왔다.

홍준표와 탁현민 같은 이들이 공적인 장에서 승승장구하는 모습을 전 국민이 본다는 점에서 이 문제는 결코 사소하지 않다. 지역에서 청소년과 함께 풀뿌리 마을운동을 하는 분들, 학교에서 성교육을 하는 분들은 최근 초·중등 남학생이 여학생의 외모를 놀리고, 성기를 과시하며, 여자 교사에게 집단적으로 성희롱하는 사건이 눈에 띄게 늘어났다고 걱정한다. 이런 사회 분위기를 만든 건 과연 누구인가. 나는 촛불을 함께 든 시민이자 여자로서 '남자는 다 그래'라며 변화를 거부하는 이들에게 사회적 합의를 해줄 마음이 전혀 없다.

무엇보다 모든 남자가 저 지경인 것은 아니다. 여자를 물건처럼 취급하고 차별하고 억압하는 사회 분위기에 꽤 많은 남성이 의식적이든 무의식적이든 수치심과 죄책감을 느낀다. 남성을 위한 폭력 예방 프로그램을 연구·보급하는 잭슨 카츠는 자신의 프로그램이 성공한 이유는 바로 남성들이 느끼는 수치심과 죄책감이었다고 말한다. 남성들은 기회만 된다면 더 인간적으로 행동하고, 더 나은 사람이 되려 했다는 것이다.

단, 이런 변화가 가능하기 위한 전제는 '혁명적 정직성Revolutionary Honesty'이다. 잭슨 카츠는 표현의 자유를 가장 급진적으로 주장하는 이들조차 섹스산업(포르노그래피를 보는 것부터 스트립쇼를 즐기고 성을 구매하는 행위까지 포괄한다)에 광범하게 퍼진 여성혐오 문화가 여성의 지위와 남성의 정신에 아무런 영향을 미치지 않았다고 주장할 수 없다고 단언한다. 이런 문화 때문에 자신이 여성을 생각하고 대하는 방식에 문제가 있다는 걸 고백하는 것이 바로 '혁명적 정직성'의 핵심이다. 이에 비해 탁현민식 솔직함은 한국 남성문화의 적폐를 드러낸 것에 불과하다.

여전히 탁현민의 발언 하나하나가 왜 그토록 문제인지 도저히 이해되지 않는 사람이 있을 것이다. 이럴 때마다 언제나 여성 문제는 다른 문제와 비교해야 겨우 이해된다는 점에서, 무지의 특권이 지배하는 영역이라는 점에서 참담함을 느낀다. 그래도 이해를 위해 덧붙인다. 만약 이게 성차별과 남성 특권의 문제가 아니라 인종차별 문제였다면 어땠을까? 그가 식민지배 당시 친일 행위를 옹호하거나 독재정권을 비호하는 발언을 단행본 세 권에 걸쳐 했더라도 여전히 자리를 보존할 수 있었을까? 단언컨대 그랬다면 이 논란은 두 달은커녕 사흘도 가지 않았을 것이다. 아니, 애초에 문재인 대통령의 최측근이 될 수 없었을 것이다. 하지만 젠더 문제에는 그 기준이 적용되지 않았다. 무지해서 무지할 수 있었던 기득권을 내려놓고, 성차별과 여성혐오라는 가장 오래된 적폐를 청산하기 위해서라도 기득권 남성문화의 구성원이었던 이들이 스스로에게 혁명적 정직성을 발휘하길 기대해본다.

짙은 안마

2006년 말 여성가족부는 연말 회식에서 성매매 업소에 가지 않는다고 약속한 사람에게 회식비를 지원하는 이벤트를 진행하다가 네티즌의 호된 반발을 샀다. 남성을 모두 잠재적인 가해자로 취급하냐는 목소리가 압도적이었고, 국민의 혈세를 낭비한다는 비판이 뒤를 이었다. 한 포털 사이트 메인 화면에 관련 기사가 뜨고 비난 여론이 확산되자, 한나라당에서는 '정신 나간 여성부'라는 발빠른 논평이 나왔다. 대한민국 건전한 남성들의 자괴감을 자극하지 말라는 내용이었다. 여성가족부는 성매매 업소에 간 남성 성구매자의 93퍼센트가 음주 뒤였다는 조사 결과에 따라 예방 차원에서 이런 이벤트를 기획했다고 해명했다.

물론 모든 남성이 성구매자는 아니지만 성에 대한 남성 중심 문화가 성매매의 주요 원인인 것은 사실이다. 하지만 이런 단발성 이벤트가 한국 사회의 뿌리 깊은 성매매 문화를 단번에 변화시키리라고도 생각하지 않는다. 이 이벤트의 총 경비는 5800만 원이었다. 나는 이 돈을 마사지 업소의 변종 성매매를 "짙은 안마"라고 말하고, 성매매 특별법이 남성의 행복추구권을 침해한다고 목소리 높였던 한나라당의 남성 의원들에게 기부받아서 진행하는 것이 좋았겠다고 생각했다.(참고로 성매매 특별법 시행 이후 성구매 경로는 집결지 27퍼센트에 이어 마사지 업소가 22퍼센트로 2위를 차지했다. "짙은 안마"라고 농담할 문제가 아니라는 이야기다.) 건전한 대한민국 남자들과 국민의 세금을 그토록 걱정하는 네티즌들이 국민의 세금으로 월급 받아먹는 그 국회의원을 상대로 남자들의 명예를 훼손한 죄를 묻지 않은 걸 감사해할 일이지, "짙은 안마"니, "젊은 남성들의 성욕 해소를 위한 특단의 대책"이 필요하느니 등 성매매 관련 망언을 일삼는 국회의원들이 잔뜩 속해 있는 한나라당이 긴급 논평까지 발표해서 자괴심 운운하는 것은 앞뒤가 맞지 않는 일이 아닌가.

한나라당의 논평은 "돈으로 성매매를 방지할 수 있다는 발상 자체가 성매매를 유발할 수 있다"는 '걱정'으로 마무리되었다. 모든 정책이 그렇듯 성매매 근절 정책에도 어떤 형태로든 비용이 들어간다. 성매매 특별법이 시행되기 직전 2002년 성산업 규모는 1일 구매자가 35만 명에 달하고, 거래액은 국내총생산GDP의 4.1퍼센트로 농림업 4.4퍼센트에 육박하는 수준이었다. 성매매 특별법 시행 이후 집결지 수는 줄었지만 변종 성매매 업소는 활개를 치고 있고, 성산업 규모 역시 쉽게 줄어들지 않고 있다. 법적 처벌 외에 예비 성구매자의 대대적인 의식 개혁 캠페인과 함께, 여성의 저임금과 고용불안이 해결되고, 탈성매매 여성을 위한 지원이 확대되어야 한다. 또한 포주들이 재개발 이익을 독식하는 등의 부정의가 발생하지 않도록 과감하고 획기적이면서 지속적인 정책적 노력 또한 필요하다. 이 모든 일에 사회적 비용이 들어간다. 돈 들이지 않고 문제를 해결할 수 있는 방법은 없다. 돈으로 성매매를 방지하자는 발상이 변종 성매매를 유발하는 게 아니라, 성매매는 남성의 본능이자 문화라는 생각이 성매매를 유발한다.

성매매 근절의 시각에서 보자면, 여성부가족의 회식비 지원 이벤트나 화이트 타이 프로그램 같은 행사를 통해 성구매 남성의 자발적 변화를 유도함으로써 성산업 규모를 축소하겠다는 발상이 너무 순진하다고 비판해야 할 것이다. 착취와 감금, 매매를 통해 성산업의 이득을 고스란히 누리고 있는 포주들을 신고하는 포상금 제도를 도입하거나, 재개발될 집결지 쪽방에 사는 성매매 여성들에게 보상금을 주는 방안을 고민해보는 것은 어떨까. 평생 한 번도 성매매 업소에 가지 않은 우리 아버지를 비롯해 건전한 남자들은 주변에 꽤 많다. 이들은 회식비를 지급해주지 않아도 잘 살아왔고, 앞으로도 자신의 양심에 따라 살 사람들이다. 자괴감이란 스스로 부끄러워하는 마음이다. 괜한 건전한 대한민국 남자들을 앞세울 게 아니라, 한나라당 남성 의원들 스스로 자괴감을 느낄 일이다.

9 여자의 뇌, 남자의 뇌

여자와 남자의 뇌 차이를 '과학적'으로 설명하려는 시도는 언제나 인기를 끈다. 여자의 뇌는 무드에 약하고 남자의 뇌는 누드에 약하다는 수준으로 쓰인 교육부의 학교 성교육 표준안은 아직도 폐기되지 않았고, 한국의 최상층 남성 엘리트는 여전히 수렵채집 시대의 남자 뇌, 여자 뇌에 집착한다. 사실 뇌의 성차를 다룬 논문들은 성차보다 개체차가 더 중요한 변수라는 결론으로 끝나는 경우가 대부분이다. 하지만 매체는 이렇게 보도한다. '이런저런 차이들이 발견되기는 했지만, 결정적이지는 않은 수준이다'라는 내용에서 마지막을 빼고 '이런저런 차이가 발견!'이라는 제목을 다는 식이다. 얼마 전 서울시 교육청이 주관한 초등교사 연수의 강의 자료에는, 남녀의 특성이 우뇌와 좌뇌를 연결하는 뇌량의 차이에서 비롯된다는 독일 신경생물학자 마르틴 코르테의 주장이 일부만 잘려서 실렸다. 그는 결론에서 성별보다는 개인별로 평가해야 하며 부모의 성차별적 편견이 아이의 잠재력을 가로막을 수 있다고 썼다. 하지만 자료에는 뇌에도 성차가 있다는 내용만 언급되었다.

그렇다면 문제는 악의적 편집과 왜곡에 있는 걸까? 꼭 그렇지만은 않다. 뇌과학 중 성차에 집중하는 연구들은 그 자체로 뉴로섹시즘, 즉 뇌과학과 진화심리학의 융합이 만들어낸 새로운 형태의 성차별주의를 양산한다. 실험심리학자 사이먼 배런코언은 여자 뇌는 '공감하는 뇌'이고 남자 뇌는 '체계화하는 뇌'라는 주장empathizing-systemizing theory으로 세계의 주목을 받았다. 비록 모든 여자가 공감하는 뇌를 가진 것은 아니고 모든 남자가 체계화하는 뇌를 가진 것은 아니라고 강조했지만 여기에 관심을 가지는 이는 드물었다. 사람들은 체계화하는 뇌는 곧 도구를 발명하고 역사를 주도하는 남자의 뇌이고, 공감하는 뇌는 아이를 낳고 돌보는 능력에 특화된 여자의 뇌라는 '과학적' 설명이 제공되었다며 열광했다. 그렇다면 뇌의 성차는 차이의 원인일까, 차별의 결과일까.

뇌과학자들은 사회문화적 조건과 환경에 따라 뇌는 계속 변화한다는 걸 밝혀냈다. 학대를 당한 아이는 뇌가 30퍼센트 이상 축소되었다는 연구 결과, 언어폭력에 노출된 고등학생은 뇌량과 해마가 눈에 띄게 위축되었다는 실험 결과, 폭력이 중단되고 차별이 개선되었을 때 뇌의 크기와 기능이 다시 복원되었다는 연구 등이 있다. '뇌에도 성차가 있다'는 것보다 '성차별주의가 뇌에 미치는 영향'에 관심을 가져야 하는 이유다. 차별과 폭력에 노출되었음에도 뇌기능에 아무 문제가 없는 이도 많다. 오히려 나는 반대의 경우에 관심이 있다. 요즘 나는 일부 한국 남성 엘리트의 뇌가 성차별주의로 인해 손상된 것은 아닌지 걱정하고 있다. 손상이 영구화된다면 그야말로 국가적 손실이 야기될 터이니 근본적인 대책이 조속히 마련되어야 할 것이다.

개똥녀 괴롭히면서 즐거우셨나요

2005년 6월 첫째 주 인터넷 검색어 1위는 '개똥녀' 사건이었다. '개똥녀' 사건이란 지하철에서 똥을 싼 개의 주인이 주변인들에게 사과도 하지 않고 똥도 치우지 않고 내렸고, 그 후 한 할아버지가 개똥을 치운 사건이다. 이 상황의 전말을 담은 동영상이 떠돌자 일부 네티즌은 늘 그랬듯이 재빨리 신상정보를 캐내 사진을 공개하고 싸이월드 미니홈피를 습격했다.

이들은 사과는커녕 심지어 할아버지가 똥을 치우게 한 막돼먹은 일이라며 목청을 높였다. 장유유서 정신 실종에 대한 개탄부터 반려동물을 키우는 사람들에 대한 욕설 등이 인터넷에 난무했다. 무려 〈국정브리핑〉(6월 9일자)에는 "애완견 사육 앞서 공중도덕심 키워야"라는 글이 올라왔고, 여러 언론에 '개똥녀'를 비판하는 논조의 기사가 실렸다. 다행히 〈한국일보〉(6월 8일자)를 비롯한 몇몇 언론에서 개똥녀 마녀사냥을 비판하는 글을 실으면서 디지털 인민재판에 대한 우려의 목소리가 함께 나왔다.

이 사태를 보며 이런 생각을 했다. 만약에 똥을 치우지 않고 내린 사람이 젊은 여자가 아니라 나이 든 할아버지였다면, 똥을 치운 사람이 젊은 여자였다면 무엇이 달라졌을까? 아마도 젊은 여자에 대한 칭찬이 나왔을망정 할아버지에 대한 여론재판이 벌어지지 않았을 것이다. 나는 지하철에서 고등학생에게 욕설을 하면서 자리를 양보하라고 고래고래 소리 지르는 할아버지들을 자주 본다. 또 지하철에서 앞에 있는 여고생의 엉덩이에 슬쩍 손을 올리고 모르는 척하는 중년 남자들을 본다. 이렇게나 엽기적인 일들이 일어나는데도 어째서 이들을 규탄하는 동영상은 뜨지 않는 걸까? 혹시나 해서 '지하철 여고생 성추행'이라는 제목의 동영상이 있나 찾아봤는데, 뉴스가 아니라 이른바 '음란' 사이트에서 발견했다. 이 동영상을 보는 이들은 성추행범에게 분노하는 것이 아니라 성추행범 입장에서 가해의 쾌락을 즐긴다. 너희들도 공범이라고 하면 아마 그들은 펄쩍 뛸 것이다. 그리고 자신들의 인권이 침해되었다고 목소리를 높일 것이다. 이 모든 건 그냥 추측이 아니며, 실제로 유사한 일들이 반복해서 벌어졌다. 성별에 따른 이중규범은 여전히 힘이 세다는 이야기다.

여성의 인권은 구타당하고 강간당하고 착취당하는 최악의 상태를 전시해야 공감을 얻는다. 반면에, 남성의 인권은 잠재적인 피해 가능성과 인간으로서 명예훼손에 대한 우려만을 이야기해도 공감을 얻는다. 여성과 아이에 대한 학대는 그들의 약한 위치 때문에 분노를 일으키지만 한편으로는 사람들의 쾌락을 자극하기도 한다. 사람들이 정말 불편해하는 장면은 권력자의 눈물과 상처이다. 중산층 백인 가족이 무너져내리는 과정이 빈곤한 흑인 가족 이야기보다 더 공감을 얻는다. 취약한 집단의 취약성은 그 자체로 정상적이기 때문에 사람들은 이들이 겪는 폭력에 그다지 공감하지 않는다. 2005년 6월 2일 '장병기본권 확립을 위한 토론회'에서 토론자로 나선 임종인 열린우리당 의원은 사건을 전제로 모병제로 전환하는 것에 우려를 표하며, 모병제가 되면 가난하고 힘없는 사람만 군대를 지원하게 되므로 안보 문제가 일반인의 관심에서 멀어질 우려가 있다고 했다. 가난하고 힘없는 자의 고통에 '일반인'들이 관심 없어 한다는 전제는 이 시대의 정서를 잘 대변하고 있기에 더 무섭다.

성범죄자 전자감시제도가 가해자 인권을 침해한다는 논란이 있을 때, 나는 겉으로는 그 제도가 결국 국가에 의한 감시를 더욱 가속화하는 전자감시 사회로 나아갈 것이라며 우아하게 우려를 표명했으나, 속으로는 내내 찜찜했다. 나의 일상에서 감시에 대한 공포는 국가에 의한 감시보다는 남성적 가치로 도배되어 있는 인터넷 공간에서 훨씬 더 현실적으로 다가오기 때문이다.

인터넷 공간에서 여성 연예인을 비롯해 수많은 여성의 몸이 전시되고 평가되고 훼손되는 과정을 보는 것은 어렵지 않다. 물론 '개똥녀' 사건은 애인이 알몸 사진을 올린 사이버 성폭력 사건이나, 파티에서 외국인과 술 한잔했다고 직장생활에까지 위협을 겪은 잉글리쉬 스펙트럼 외국인 강사 사건이나, 포르노적 욕망을 충족시킨 떨녀·딸녀 사건같이 여성이 일방적으로 피해를 입지는 않았다. 혹자는 '개똥녀'의 무례함이 이런 사태를 불렀다고 반박할지도 모르겠다. 하지만 난 이 공격에 동참한 이들에게 묻고 싶다. '개똥녀'의 사적, 공적 자아를 파괴하면서 느낀 것은 무엇인가? 분노? 정의감? 이런 감정은 자기 요구의 실현을 부정당하거나 저지되었을 때 생기는데, 네티즌이 그동안 여성에 대해 자기 요구의 실현을 부정당한 적이 있던가? '개똥녀' 사건은 "감히 어린 여자가 사람도 아니고 개를 우선시하며 나이 많은 남성을 무시하다니, 뜨거운 맛 좀 보라"며 남성사회의 동맹과 힘을 과시한 소규모 전투였다. 여성이 취약한 집단이기에 더 쉬운 표적으로 지목되고, 여성의 무례함에 대한 대중적 공감을 쉽게 이끌어낼 수 있었기에 이길 것이 뻔했던, 너무도 지독하게 가학적인.

경찰이 우리를 지켜줄 거라는 믿음이 사라진 날

충돌도 방해도 아닌 말 그대로 린치였다. 2018년 9월 8일 인천광역시 북광장에서 일부 개신교도가 주축이 되어 '사랑의 이름'으로 행한 그 모든 행동은, 묘사만으로도 비윤리적일 정도로 참혹했다. 여기에 쓴 그 어떠한 표현도 과장이 아니다.

"너네 트럭 이제 못 움직이게 되었다"며 트럭 타이어의 바람을 빼고, 기름을 훔치고, 깃대를 부러트리고, 면전에서 지옥에 가라는 욕설을 하는 사람들 사이를 수백 명의 퀴어문화축제 참가자가 모욕을 견디며 지나가야 했다. 경찰은 방조를 넘어 '가담'하는 수준이었는데, 행진을 방해하는 이들에게 경찰 확성기를 넘겨주어 그 확성기에서 "당신들은 죄악"이라는 말이 나오는 일이 벌어지기도 했다. 경찰이 직접 폭력을 행사하지는 않았으나, 한 집단을 공격하도록 묵인하고 방조하는 일이 다름 아닌 2018년에 벌어진 것이다. 제주 4·3 사건 당시 서북청년단이 경찰을 대신해 사적 폭력을 휘둘렀던, 70여 년 전 해방기 한국에서 일어났던 그런 종류의 폭력 말이다.

무엇보다 마음이 아팠던 것은 축제에 참가하려고 온 10대들의 후기였다. 참고로 퀴어문화축제는 서울에서 이미 20여 년간 개최된 행사였고 대구는 2018년 10주년을 맞았다. 2017년부터 부산, 전주, 제주에서 매년 열리고 있고, 2018년에는 인천과 광주가 추가되었다. 왜 이렇게 전국에 퀴어축제가 열리는 것인지 궁금하던 차에, 예상치 못한 답을 들었다. 서울이 아닌 지역에 사는 10대에게 가장 필요한 축제라는 것이다. 10대 성소수자 청소년이 겪는 어려움은 전 세계 공통이고, 한국 역시 더하면 더하지 조금도 덜하지 않을 터였다. 게다가 비서울 지역이라면 더욱 고립되어 있을 가능성이 높다. 그러므로 자신의 존재를 있는 그대로 긍정해주는 타인과 상호작용할 수 있는 공간이 얼마나 소중하겠는가.

이번에 처음 개최된 인천퀴어문화축제에도 청소년들이 아침 일찍부터 왔다고 한다. 한 참가자의 후기에 따르면 부스와 좌판을 펼치지도 못하게 방해하던 세력들 사이에 경찰이 나타나자 10대들은 당연히 자신들을 보호해줄 것이라 생각하고 "경찰 힘내세요"를 외쳤다. 하지만 경찰이 결국 이들에게 욕설을 하는 사람들을 그냥 방치한 채 그 사이를 한 줄로 서서 걸어가라고 해서 많이 울었다고 했다.

다시 한 번 강조하지만 한 치의 과장도 없다. 행진을 마친 후 경찰이 행사를 내내 방해했던 이들에게 "오늘 수고 많으셨다"고 인사를 하는 장면은 수많은 참가자의 후기에 남았다. "경찰 힘내세요"를 외쳤던 10대들에게 이날의 사건은 어떻게 기억될까.

인간은 타인의 도움 없이는 살아갈 수 없다. 자신의 힘만으로는 생존할 수 없는 상황을 겪는 인간이 가장 처음으로 느끼는 공포는 바로 타인에 대한 공포다. 내가 곤경에 처해 있는데 아무도 나를 돕지 않거나, 자격이 없다며 내가 속한 사회에서 하루아침에 뿌리가 뽑혀버리는 일은 누구나 한번쯤 상상해보았을 매우 구체적이고도 원초적인 악몽이다. 퀴어문화축제 참가자들은 그날 점점 좁아지는 공간에 갇혔고, 화장실이나 편의점조차 이용하지 못한 채로 고립되었으며, 눈앞에서 존재를 부정당하고 배척되는 모욕을 견뎌야 했다. 지난 10여 년간 성소수자는 법령이나 조례에서 계속 삭제되고 있다. 그날의 폭력은 이 삭제가 만들어낸 구체적인 결과다. 민주주의는 타인의 운명과 내가 연결되어 있다고 느끼는 마음의 근육 없이는 지속될 수 없다. 누군가에게는 한없이 낯설 이 사건이 국가의 위기, 공동체의 위기, 민주주의의 위기인 이유다.

정확히 호명하고 제대로 질문하기

1998년 당시 미국 대통령 빌 클린턴은 백악관 인턴으로 일하고 있던 모니카 르윈스키와의 관계를 "부적절한 관계inappropriate relationship"라고 말했다. 대통령의 정치 참모들이 고안해낸 이 말로 인해 빌 클린턴은 탄핵 위기를 벗어날 수 있었다. 상황을 규정하는 적절한 어휘를 찾아내는 일은 이토록 중요하다. 클린턴-르윈스키 사건을 '위력에 의한 성폭력'으로 규정했다면 어땠을까. 혹은 '권력형 성희롱'으로 명명했다면? 아마 상황은 달라졌을 것이다.

정확한 용어 사용은 문제를 인식하고 해결하기 위한 첫걸음이다. 그동안 군대에서는 군대 내 성폭력 문제를 군인의 기강이나 품위유지 문제의 하나로 생각하는 경향이 있었다. 국방부는 2014년까지도 이 문제를 성 군기 사고로 보고 성 군기 사고 예방 지침을 발표한 바 있다. 관점이 확실히 바뀐 것은 2015년 3월 26일 '국방부 성폭력 근절 종합대책'을 발표하면서부터였다. 성 군기에서 성폭력으로 문제가 제대로 정의되니 해결방안도 예방지침에서 종합대책으로 바뀌었다.

군대 내 성폭력은 성을 매개로 한 폭력에 관한 문제다. 이 점을 분명히 해야 실태조사와 진상파악, 이후 처벌에 이르는 과정에서 발생하는 불필요한 혼란을 막을 수 있다. 일례로 성폭력 관련 실태조사는 젠더 관계gender relations에 대한 조사이지 성관계sexual relations에 대한 조사가 아니어야 한다. 그렇다면 둘은 무엇이 다를까?

조사자가 문제를 성관계로 인식하면 부적절했는지, 문란했는지 등 품위와 관련된 차원에 초점을 맞추게 되고, 이때는 혼인 여부, 사건 이전의 교제관계, 조직 내 평판, 호감의 표현, 연락에 대한 반응속도와 태도에 따른 착각과 오해, 옷차림에 대한 주관적 평가 등 가해자의 변명에서 통상 발견되는 이야기가 조사과정에서 중요한 정보로 수집된다. 반면에 젠더 관계를 묻는 설문조사 내용은 이렇다. 원하지 않는 성적 접촉이 있었는지, 가해자의 성별과 직위는 무엇인지, 신고를 못했다면 이유가 무엇인지, 이후 2차 피해가 있었는지, 사건 당시 동의 여부를 표명하기 어려울 만한 이유(음주·약물 등)가 있었는지, 특정 성별에 대한 모욕과 멸시, 차별적 언행이 있었는지, 이러한 언행이 부대 전반에 어떤 영향을 미친다고 생각하는지, 환영받지 못하는데도 성적 호의나 관심을 지속했는지, 이에 대해 불편하고 힘들다고 말했을 때 불이익을 당할 수 있다고 생각하는지 등등. 이런 질문을 통해 우리는 군대 안에서 성별에 따른 권력관계가 어떻게 작동하는지, 그것이 자유인의 의사를 현저하게 침해할 만한 조건으로 굳어졌는지, 그러한 조건들이 구체적인 개인의 행동에 대한 제약으로 이어지는 상황인지 등을 알아보고 이를 개선하는 대책을 마련할 수 있다. 좋은 질문은 좋은 답으로 우리를 이끌어주듯, 적절한 개념 사용은 불필요한 혼란과 2차 피해를 막아준다. 성 군기 문란 문제에서 성폭력·성희롱 문제로 확실한 관점 전환을 해야 하는 이유다.

4장

너무 쉬운 공감을 의심한다

무엇이 우리를 인간이게 하는가

영화 〈밤이 오면〉의 주인공 엔젤 라미어(도미니크 피시백)는 이제 막 열여덟 살이 되어 소년원에서 출소한다. 엔젤이라는 캐릭터를 이해하는 데 흑인, 레즈비언, 가정폭력 생존자 같은 말은 필수적이겠으나 영화에선 부수적일 뿐이다. 오랜만에 만난 엔젤의 여자애인은 "대체 네가 무슨 생각을 하는지 모르겠다"며 관계를 끊고 싶어 하는 눈치다. 엔젤은 멈칫하다가 이렇게 말한다. "눈을 감으면 아빠가 엄마의 머리를 화장실 벽에 찧어대던 장면이 떠올라. 그래서 눈을 감을 수가 없어." 엔젤은 총을 구하고, 위탁가정에 맡겨진 동생을 만나고, 아빠를 찾는 중이다. 아빠는 엄마를 살해했고, 엔젤은 엄마의 복수를 원한다. 어떻게 지냈냐는 여자친구의 질문에 엔젤이 어떻게 답해야 했을까. 엔젤은 눈을 감았을 때 떠오르는 장면을 묘사한 뒤 말한다. "이런 이야기를 듣길 원해?" 여자친구는 답한다. "좀 낫네."

나는 이 장면에 분개했다. 겨우 이 정도 반응을 보려고 자신의 악몽을 타인에게 말해야 할까. 사람들은 비극에서 살아남은 피해자가 제정신을 유지하면 비인간적이라고, 속을 알 수가 없다고, 피해자답지 않다고 이야기한다. 하지만 놀라운 것은 피해자의 멀쩡함이 아니라 그런 말을 듣고도 무심하게 구는 태도다.

페미니스트 철학자이자 성폭력 피해 생존자인 수잔 브라이슨은 놀라운 사실을 발견한다. 지독한 감기에 걸렸다고 말하면 너무나 다정하게 대할 것이 분명한 이웃과 친구와 가족이 성폭력 피해에 대해서는 아무런 언급을 하지 않는다는 것을. 성폭력, 존속살해, 가정폭력, 인신매매 등 개인을 완전히 파괴한다고 알려진 범죄의 피해자에게 주변인들은 이상할 정도로 무심하게 군다. 피해자에게 어떻게 말해야 할지에 대한 사회적 관습이 부재하기 때문이다. 그리고 상상을 뛰어넘는 고통을 겪은 당사자는 자신의 경험을 어떻게 재현해야 하는지 알지 못한다. 이것이 피해자들이 겉보기에 아무렇지 않은 것처럼 살아가는 이유다.

무지라는 권력에 직면하고 앎으로 나아가기 위해서는 무엇보다도 우리는 어떤 폭력도 여성을, 인간으로서의 여성을 파괴하지 못했다는 점을 알아야 한다. 무엇이 이토록 고통스러운 현실에서도 결코 인간다움을 잃어버리지 않도록 하는 걸까. 흔히 성폭력은 영혼을 파괴하는 범죄라고 한다. 아니다. 성폭력 피해자에 대한 편견이 영혼의 갈 곳을 잃게 할 뿐이다. 아무도 믿어주지 않으면 스스로를 믿는 것부터 시작해야 한다. 내가 가장 오랫동안 만나온 피해자이자 이제 친구가 된 A는 자신 말고는 아무도 자신이 인간인 줄 모르는 것 같았다고, 아무도 자신에게 나중에 뭐 하고 싶냐고 묻지 않았다고 했다. "그래서 나라도 내가 인간이라는 걸 잊지 말아야지 했어." A가 이렇게 말했을 때, 나는 그만 감동해서 우는 것을 들키지 않으려고 무척 애써야 했다. 만약 A가 보았다면 무척 놀려댔을 테니까.

피해자에 대한 편견을 거두자고 말하는 이유는 그래야 우리가 피해자의 상상력과 용기로부터 비로소 배울 수 있게 되기 때문이다. 〈밤이 오면〉에서 엔젤은 눈을 감고 살해당한 엄마가 해준 이야기를 떠올린다. "밤에 눈을 감고 바깥의 자동차 소리에 귀를 기울이면, 꼭 파도 소리 같아." 아빠에게 총을 겨눈 엔젤의 용기는 죽은 엄마의 상상력과 만나 결국 엔젤의 삶을 살린다. 복수와 치유가 한 장면에서 이루어진다. 이것이야말로 기적 같은 일이 아닌가.

타인의 죽음이 내 삶에 들어올 때

모르는 사람의 죽음이 갑자기 내 삶에 들어올 때가 있다. 한국 근현대사 달력에는 아직 진상이 규명되지 않은 죽음들이 빼곡하게 들어차 있다. 어떤 죽음은 날짜로 변환되어 각인되었다. 4월 3일, 4월 16일, 5월 18일. 죽은 자의 시간은 이렇게 종종 날짜로 새겨졌다. 드물게 나이로 기억되는 일도 있다. 얼마 전 세 명의 부모에게 학대와 성추행 등의 피해를 당한 아이가 살해된 사건이 벌어졌다. 라디오로 뉴스를 듣고 있는데 사건을 전달하던 기자는 피해자가 열두 살이었다는 사실을 말할 때 아주 잠깐 숨을 멈추었다. 친부는 술을 마시고 아이를 때렸고, 의부는 성추행을 했고, 친모는 아이를 불러내어 살해당하도록 공모하고 방조했다고 한다. 가정폭력과 성폭력에 시달리다가 살해당한 피해자가 고작 열두 살이라니, 아이가 견뎌내야 했을 삶이 상상도 못하게 쓰라려 눈을 감고 명복을 빌었다.

슬픔과 애도의 의례는 언제나 살아남은 자를 위한 것이다. 죽은 이의 영혼이 아니라 죽인 자와 함께 살아가야 할 남은 사람의 마음을 위로하는 일이다. 미처 알지 못했던 한 인간의 삶과 함께할 기회를 잃어버린 것을 애도하는 일이다. 기쁨은 나누면 두 배가 되고 슬픔은 나누면 절반이 되는 것이 아니다. 기쁨이건 슬픔이건 나누면 두 배가 된다. 그러니까 기쁨은 당사자가 가졌을 때 가장 순정한 기쁨을 오롯이 누릴 수 있고, 슬픔은 나눌수록 농도가 옅어진다. 그러므로 나눠야 하는 것은 기쁨보다는 슬픔 쪽이다. 하지만 당사자보다 더 많이, 더 앞서서 슬퍼하지는 말자. 당사자와 가족이 가진 슬픔은 있는 그대로 그들의 몫으로 남겨둘 필요가 있다. 아무리 함께 추모하고 슬퍼한다고 한들 타인의 고통이 내 것은 아니다.

죽음을 기억하라는 말은 두 차원에서 윤리적 태도를 요구한다. 하나는 인간은 죽음 앞에 평등하다는 걸 마음 깊이 받아들이라는 것이다. 나의 삶과 너의 죽음 사이에 아주 얇은 장막만이 있을 뿐이며 이 차이는 그저 우연일 뿐일지도 모른다는 걸 기억하라는 요청이다. 이것이 죽음 앞에 사람들이 겸허해지는 이유일 것이다. 또 다른 하나는 결코 평등하지 않은 눈앞의 억울한 죽음을 기억하라는 것. 그런 죽음에는 남아 있는 사람 대부분이 빚을 지기 마련이다. 억울하고 안타까운 죽음이 남은 사람의 삶을 비추는 법안의 이름으로 남은 경우도 있다.

모르는 사람의 죽음을 내 삶에 맞이한 최초의 기억은 혜영이와 용철이였다. 1990년 3월 9일, 부모가 맞벌이를 하러 나간 사이 서울 망원동 한 연립주택 반지하방에 화재가 일어나 다섯 살과 네 살 두 아이가 숨지는 사고가 있었다. 서울 외 지역에서 점점 살기가 어려워졌던 시절, 서울에 갓 올라온 도시빈민층의 빈곤 문제와 매우 취약한 상태로 내몰린 아동복지의 실태가 드러난 사건이었다. 혜영이와 용철이는 바로 그 아이들의 이름이다. 사건이 알려지자 많은 시민이 슬퍼했다. 이를 계기로 1991년 영유아보육법이 만들어졌다. 2018년 겨울에 만들어진 산업안전보건법 개정안은 2016년 5월 구의역에서 스크린도어를 수리하는 도중에 발생한 사망 사고 이후 발의됐다가 국회에서 2년간 표류하던 법안이었다. 이 법안은 2018년 12월 태안화력발전소 비정규직 노동자 김용균 씨가 숨지면서 비로소 국회를 통과했다.

지금 살고 있는 삶의 토대를 흔드는 모르는 사람의 죽음도 있다. 2016년 5월 17일 강남역 10번 출구 근처 한 술집 화장실에서 20대 여성이 칼에 찔려 숨지는 사건이 일어났다. 여성을 표적으로 삼은 살인이었기에 남의 일이 아니라고 생각한 또래의 여성이 주축이 되어 포스트잇에 글귀를 적어 강남역 10번 출구 외벽에 붙이는 자발적인 추모운동이 일어났고, 뒤이어 여성이 일상적으로 느끼는 두려움에 대해 말하는 필리버스터가 있었다. "나일 수도 있었다"는 깨달음은 여성 대중의 직접 행동으로 이어졌다. 유학을 준비하고 탈조선을 꿈꾸던 이들은 지금 여기에서 한국 사회를 바꾸지 않으면 언제까지 목숨을 유지할 수 있을지 모르겠다며 "행동하겠다"는 다짐을 썼다. 당시 포스트잇을 수집해서 기록한 책 《강남역 10번 출구, 1004개의 포스트잇》에 이런 말이 있다. "친구가 말합니다. 이런 일 많았는데 왜 이번에만 이렇게 커진 걸까? 저는 충격받았습니다. 여성의 죽음이 익숙해진 나라, 데이트 폭력과 강간이 만연한 나라, 바꿔주세요. 바꿔나가요." 강남역 여성표적살인 3주기를 추모하며.

타인의 고통에 내가 더 상처받을 때

모든 일에 힘껏 화를 내는 일은 가능하지 않다. 그래 봤자 대부분 소용없다는 걸 잘 알기 때문이다. 살아남기 위해 거리를 둔다. 그리고 다시 마음이 단단해지면, 그때 다시 할 수 있는 걸 한다. 하지만 어떤 종류의 일에는 이런 생존 전략을 도저히 유지할 수 없을 때가 있다. '최소한의 사회정의'가 무너졌다고 느낄 때 내 마음은 폭주 모드가 된다. 사랑하는 사람들이 관련될 때 거리를 두는 일은 더욱 쉽지 않다. 그럴 때는 그냥 쏟아져오는 감정을 맞이한다. 피할 수 없다는 것을 안다. 파도 속에 들어가면 파도를 느끼지 못하듯, 이 역시 나를 보호하는 방법이다.

가장 어려운 순간은 어떤 인과관계도 없이, 갑자기 어떤 사건이 머릿속으로 직접 '들어오고' 실제로 비슷한 고통을 몸으로 느끼게 되는 경우다. 아주 가끔 그런 경우가 생긴다. 대리 외상vicarious traumatization이라 하기도 하는데, 주로 트라우마 생존자 곁에 있는 사람들에게 나타난다고 한다. 내 경우에는 2~3년에 한 번꼴로 찾아온다. 너무 바빠서 마음의 상태를 잘 들여다보지 못했을 때 "이제는 정말 쉴 거야"라는 마음이 '생각'이 아니라 '감정'이 되는 바로 그 순간, 고통은 몸으로 직접 찾아온다.

이미 알고 있는데도 피하지 못했던 그 찰나의 순간에 나는 스스로를 죽도록 원망했다. 얼마나 아플지 알고 있으니까. 이 상태에 진입하면 몸이 생체 실험을 당하는 것처럼 아프다. 잠을 전혀 잘 수 없다. 타인의 사건을 내 몸으로 직접 겪는다. 어떤 때는 피해자의 목에 들어온 칼날을 그대로 느낄 때도 있고, 가장 최근에는 내장이 타는 냄새를 그대로 맡기도 했다. 이번에는 여성의 신체에 주먹을 넣고 장기를 뜯어내 사망에 이르게 한 사건이 징역 4년형을 받았다는 국민청원을 읽고, 5일 동안 꼬박 그 사건을 몸으로 겪어내야 했다. 기사에서 읽은 상황이 그대로 10분 이상 지속되고(영원에 가까운 시간이다), 하루에 서너 번은 그 고통 속으로 예고 없이 들어가므로 이 대리 외상은 내가 직접 겪은 그 어떤 고통보다도 끔찍했다.

증상을 완화하는 방법은 일단 땅에 몸을 대고, 깊게 숨을 들이마시고 내쉬면서 내가 지금 어디에 있는지를 확인하는 것이다. 옆에 있는 사람의 손을 잡고 어루만지고, 손으로 나 자신을 쓰다듬는다. 손가락과 발가락을 하나씩 펴고, 내 몸을 하나하나 느끼고, 그렇게 천천히 호흡을 한다. 잠시 모든 것을 뒤로하고 수영을 하거나 달리기를 한다. 고마운 사람들에 대해 생각한다. 좋아하는 음식과 음악과 영화와 고양이와 사랑하는 사람의 얼굴을 떠올린다.

분노하지 않을 수 없는 세상에서 피해자의 곁을 지키며 정의롭게 살아가려는 이들에게 꼭 건네고 싶은 말이 있다. 분노로 인해 고통에 사로잡히지 않으려면 우리 일상생활의 뿌리가 튼튼해야 한다. 그 힘을 길러야 한다. 사랑 없이는 분노도 할 수 없다. 시인 조리 그레이엄은 물었다. “진실은 얼마나 멀리 있는가? 우리는 얼마나 깊이 들여다볼 수 있으며 그러고도 여전히 사랑할 수 있는가?” 이 지옥 같은 세상에서 우리 모두의 건투를 빈다.

타인의 고통을 듣는 자가 가져야 할 태도

차별은 단순히 차이에서 비롯되지 않는다. 나와 너는 다르다. 누구나 모두와 다르다. 이 썰렁한 동어반복은, 왜 어떤 차이들은 사회, 문화, 역사에서 부당한 방식으로 취급당해왔으며 그것이 어떻게 차별과 폭력으로 이어졌는지에 대한 분석을 요구하는 인권을 둘러싼 가장 뜨거운 이슈다. 여성과 남성은 다르다는 가정을 뒷받침하는 몇 가지 연구 중 여성은 언어에 뛰어나고 남성은 수학에 능하다는 가설이 있다. 얼핏 보기에 이 연구 결과는 서로 잘하는 분야가 있으므로 상호협동하에 평화롭게 살면 된다는, 그래서 여성과 남성 어느 한쪽이 우월하지도 열등하지도 않다는 양성평등주의적 결론에 도달하는 가능성을 보여주는 것 같다.

만약 능력이 뛰어나다면 여성의 언어는 경청되고 존중되었어야 한다. 그러나 여성의 언어능력은 대학수학능력시험에서 여학생과 남학생의 점수 차이로만 환원될 뿐 진정한 의미에서 능력이자 권력이 되지 않는다. 여성은 감정적이고 주관적이며 이해 불가능한 존재라는 편견에 둘러싸여, 여성의 말은 존중받기는커녕 의

심되고 부정되기 일쑤였다. 특히나 오랫동안 여성을 괴롭혔지만 침묵당했던 여/성폭력에 대해 말하는 여성은 이러한 의심과 부정의 감정을 내재한 판단과 분석 앞에 정신병자로 금치산자로 혹은 불쌍한 자로 취급되는 모욕을 당해왔다.

여성이 스스로에 대한 이야기를 오해와 편견 없이 간결하게 해내는 것은 얼마나 어려운가. 여성뿐만 아니라 교육 기회에서 소외되고 문화적 차별을 경험한 집단이 자신의 경험을 사회적으로 의미 있게 전달하는 것이 얼마나 어려운 일인가. 이야기하는 것은 자기 자신을 응시하고 다시 재현해내는 과정이 필요하다. 그러나 여성은 남성 중심적 시선과 언어의 한계 속에서 이중삼중의 정교함을 가져야 겨우겨우 커다란 오해 없이 의사를 전달할 수 있다. 왜 여성에게 언어능력이 발달되었느냐면, 끊임없이 여성에게 설명을 요구하기 때문이다. 그럼에도 왜 여성의 언어가 이렇게 모욕당하고 훼손되느냐면, 여성에게는 말만 있을 뿐 그 말에 귀 기울일 청중도 의미 있게 만들어주는 비평가도 없기 때문이다.

권력이 없는 자의 이야기에 대한 권력자의 신경증을 기억해보자. 끊임없이 자기 고통을 늘어놓는 환자, 두서없이 자신의 억울함을 호소하는 노인, 공공장소에서 악을 쓰는 아이, 지나치게 예민한 여자…. 이 모두가 불러일으키는 지겹고 불쌍하고 약하고 짜증스러운 감정들은, 말할 수 있는 사람과 들어야 하는 사람이 권력관계에 따라 이미 정해졌으며 그 룰을 벗어난 사람들이 어떤 취급을 받는지 보여준다.

프랑스의 식민지였던 알제리의 혁명가이자 정신과 의사였던 프란츠 파농은 알제리인들의 정신질환을 치료하며 흥미롭고 의미심장한 사실을 접한다. 정신질환의 정도가 심한 이들일수록 백인은 우월하고 흑인은 열등하다는 이분법에 사로잡혀 있다는 것이었다. 이들은 이러한 콤플렉스를 극복하는 방법으로 백인의 언어(알제리에서는 프랑스어)를 사용한다. 백인의 언어를 사용하고 백인의 문화를 받아들이면서, 알제리의 식민지 흑인은 자신의 현존을 부정하고 백인의 가면을 쓰는 신경증적 강박을 지니게 된다. 파농은 정신분열을 치료하기 위해서는 고통받는 주체들이 언어를 되찾고 스스로 말할 수 있어야 한다고 주장한다.

한편 여성이 겪는 우울과 고통을 남근이 결핍되어 남근을 선망하는 심리 때문이라고 설명하는 프로이트 이론의 남성 중심성에 대항하는 여성주의 심리상담가들은, 여성이 겪는 차별과 폭력이 여성으로 하여금 제대로 말을 할 수 없게 해왔으며 우울증, 섭식장애, 자기혐오 같은 여성의 경향은 말 못함에서 나오는 고통이 몸으로 전이된 현상이라고 분석한다. 따라서 여성주의 심리상담이 추구하는 치료자와 환자의 관계는 일방적으로 치료를 받고 치료를 하는 관계가 아니라, 환자는 자신의 소외와 고통을 대변하는 증언자가 되고 치료자는 그 증언을 기록하고 경청하는 사람이 되는 것에서 출발한다.

정신과 의사뿐만 아니라 타인의 고통을 '듣는' 것이 주요 업무인 사람이 있다. 의사, 상담자, 변호사 등이 그러하다. 이들에게 사람들이 자신의 고통을 드러내는 이유는 더는 고통받고 싶지 않아서다. 병을 고치거나, 소송을 대신하거나, 시시비비를 가려 억울함을 풀거나, 고달픈 심신을 달랠 때 우리는 의사, 변호사, 상담가를 찾는다. 상담가는 그중에서도 꽤 독특한 위치에 있다. 사람들이 상담가를 찾는 이유는 편견이나 분석 없이 단지 이야기를 들어줄 누군가를 간절하게 원하기 때문이다. 상담가를 찾는 이들은 이미 자신의 고통이 정당한지, 자신의 잘못 때문은 아닌지 스스로 오랜 의심을 한 사람들이다. 특히 폭력 피해 여성들은 피해 사실을 드러낼 때 만나게 되는 사회적 편견과 차별적 시선 때문에 입을 다물고 오직 자기 자신과 오래도록 대화하고 싸우는 외롭고 힘든 과정을 겪어낸다. 만약 운 좋게도 좋은 상담가, 좋은 정신과 의사를 만나서 자신과의 싸움에서 내면의 힘을 발견한 여성이 있다고 하자. 그러나 용기를 낼 이 여성이 그다음 만날 것은 객관을 가장하고 의심과 부정의 시선을 가진 사회, 구체적으로는 변호사, 검사, 판사, 경찰이다.

여성의 경험은 아직 1할도 말해지지 않았다. 그래서 말해지는 어떤 기억과 고통은 낯설 것이다. 듣는 자의 상식과 경험으로는 상상하지 못한 일일 수도 있다. 아버지가 자녀를, 오빠가 동생을, 남편이 아내를 때리고 강간하고 감금하고 고문하는 등 인간으로서 차마 상상하기 어려운 극악무도한 침해뿐만 아니다. 술자리에서 술을 따르라고 하고 옆자리에 앉히고 '부르스'를 추자고 끌어당기는 직장 상사의 성추행을 참아내면서 여성들이 생존(계속 이 직장에 있을 것인가)과 폭력 사이에서 얼마나 갈등하게 되는지, 헤어진 애인이 끊임없이 너 죽고 나 죽자고 연락해서 전화를 끊고 집을 옮기고 밤길을 두려워하면서도 그게 폭력이라고 차마 명명하지 못하고 왜 사랑은 이렇게 고통스러운지 물으며 어떻게 스스로를 미워하고 가족에게 비난받는지, 듣지 않으면 결코 모른다.

"사랑한다는데 좀 봐주지", "가족문제는 가족끼리 알아서 해야지", "앞길 창창한 젊은 남자 신세 망치지 말아야지" 같은 소리를 경찰서에서 변호사 사무실에서 법정에서 서슴지 않고 하는 것은 피해자의 고통을 높은 자리에 앉아서 조각내고 편집하고 판단하는 칼을 휘두른, 철저히 피해자를 타자화한 태도이다. 어렵게 입밖으로 꺼낸 말을 다시 주눅 들어 꿀꺽 삼키는 일이 없도록 타인의 고통을 듣는 위치에 있는 사람은 특히 사회정의와 질서회복을 위한 사명을 갖고, 타인의 고통을 들을 자격을 받은 이는 더 많이 듣고 더 많이 알아야 한다. 나는 의식 있는 정신과 의사가 환자와의 관계에서 환자의 말을 '듣는 법'을 다시 고민하는 것처럼 의식 있는 변호사, 검사, 판사, 경찰이 타인의 고통을 듣는 법을 고민해야 변화가 가능해진다고 생각한다. 정의란 그런 것이라고 믿는다.

너무 쉬운 공감을 의심한다

남고생들이 중심이 된 집단 성폭력 사건이 인터넷 검색 1순위를 차지하며 네티즌의 분노를 샀다. '밀양여중생 집단 성폭력 사건'이라 불리는 이 사건은 집단 광기에 휘말린 남학생들, 용의자를 세워놓고 피해자에게 "골라보라"는 걸 수사라고 한 무성의한 밀양 경찰서 경찰, 음성변조도 하지 않고 인터뷰를 하는 통에 반 친구들에게 알려져 피해자가 학교도 못 다니게 만든 인권불감증에 걸린 일부 언론 등 우리 사회의 총체적인 문제가 그대로 드러난 사건이었다.

'밀양여중생 집단 성폭력 사건'이라는 이름부터 문제이다. 성폭력 사건 대부분은 피해자의 이름이나 신분 등을 통해 불리는데, 서울대 S 교수가 조교에게 저지른 사건은 서울대 조교 사건으로 불렸다. 또한 여중생들이 미군 장갑차에 치여 사망한 사건은 미군 장갑차 살인 사건이 아니라 효순이 미선이 사건으로 기억되었다. 이렇게 가해자는 사라지고 피해자만 기억되는 방식은 피해자의 기본권을 제대로 보호하지 못하는 사회에서 2차·3차 가해가 일어날 가능성을 잉태하고 있다. 또한 서울에서 일어난 사건은 보통 특정 동네를 지칭해서 불리나 밀양, 부산, 대구 등의 비서울 지역 사건은 그 광범위한 지역이 한데 묶여버린다. 이러한 명명은 뿌리 깊은 서울 중심주의의 한 단면이다. 또 이런 식의 호명 덕분(?)에 밀양 시민들이 이 사건은 사실 울산에서 일어난 사건이라고 항변하거나 밀양의 명예가 실추되었다고 이야기하는 등 사건 자체의 해결과 예방에 관심을 쏟기에도 부족한데 불필요한 논쟁과 감정 소모만 초래하고 말았다.

이 와중에 네티즌들의 활약(?)이 있었다. 12월 11일에 이른바 '밀양 성폭력 사건'을 규탄하기 위해 네티즌들이 모인다 해서 광화문으로 나가보았다. 현수막을 만들고 각자 작은 피켓을 만들어 온 150여 명의 네티즌이 모여 있었다. 디시인사이드에서 나왔다는 한 남학생은 "밀양의 개젖같은 새끼들아 10초 셀 때까지 안 나오면 다 죽여버린다"라는 문구가 적힌 현수막을 몸에 둘렀다. 현수막 뒷면에는 디시인사이드의 상징인 개죽이가 그려져 있었다. 또 다른 남학생들은 "성폭력, 영혼의 상처"라고 쓴 현수막을 들었다. 한편 마스크를 쓴 한 여학생은 "니들이 용서받을 줄 알았냐 절대 용서 못한다"는 내용을 적은 A4 용지 크기의 노트를 들었고, 세 여학생이 "성폭력 범죄 강력 처벌하라"고 적힌 피켓으로 얼굴을 가린 채 서 있었다. 나중에 물어보니 이들은 모두 여중생이며 최근 여중·여고생을 대상으로 한 흉악범죄에 화가 나서 나왔다고 한다. 왜 얼굴을 가렸는지를 물었더니 대답을 하지 않았지만 짐작이 가고도 남았다. 얼굴이 공개되면 혹시라도 생길 수 있는 피해를 가늠했기 때문이리라.

집회 중 자발적으로 각자 여기에 온 소감과 하고 싶은 말을 하는 시간이 있었는데, 디시인사이드에서 왔다는 남학생이 마이크를 잡았다. 그는 일본 사이트에서 이 사건을 크게 다루었고 네티즌들이 항의 집회를 열려고 하지만 한국은 워낙 성폭력이 심한 나라라 두 명이나 모일지 의심스럽다는 글을 올렸다며, 일본 놈들한테 본때를 보여주기 위해서라도 더 많이 모여야 한다고 강변했다. 또 다른 남학생은 이렇게 심각한 사건에 여성부와 여성단체는 뭐 하는지 모르겠다고 분노했다.

광화문 촛불집회에서 여중생들을 만난 것은 반가웠지만, 일본에 대한 민족주의 정서를 건드리고 지금까지 피해자 인권을 위해 싸워온 여성단체의 노력을 무시하며, 자신들이 종종 저지르는 가해행위에 대한 성찰 없이 목소리만 높이는 일부 남성 네티즌들을 보는 건 고역이었다. 이 사건의 피해자 실명 등이 본격적으로 인터넷에 떠돌기 시작한 것은 이 사건의 가해자로 추정되는 한 남학생의 싸이월드 미니홈피가 디시인사이드를 주축으로 한 네티즌들에게 공격당하면서부터였다. 결국은 이들과 그들 사이에 벌어진 전쟁에서 희생된 것은 피해자 인권이었다.

폭력에 저항하고 고통에 공감하는 것은 결코 쉽지 않다. 공감은 상대의 고통과 만나 그 고통을 전이받는 경험이다. 반성과 성찰 없는 분노, 너무 쉬운 공감은 피해자를 타자화하고 가해자를 비인간화하여 자신은 가해와 피해 모두로부터 언제나 자유롭다는 오만함과 닿아 있다. 성폭력 문제에 공분한 네티즌 중심의 대중 집회가 반가우면서도 한편 걱정스러운 것은 이 때문이다.

얼마 전 여성 네티즌이 주축이 되어 '그건 네 잘못이 아니야'라는 인터넷 카페가 만들어졌다.(http://cafe.naver.com/notyourfault.cafe) 이 카페에는 "너희들은 용감했단다. 너희들로 인해 세상도 많이 변하고 다른 이들도 용기를 얻을 거야. 고마워. 정말 고마워"라는 글이 올라와 있다. 그래, 이거다. 공감이란 피해자의 용기를 기억하고 우리 모두 변화하겠다는 약속이지, 피해자 대신 피해자가 느꼈을 법한 감정을 느끼는 것이 아니다. 이 카페는 여성전용인데, 만약 여성전용이라는 분리주의가 불편한 남성 네티즌이 있다면 지금이라도 이런 카페를 더 만들었으면 한다. "당신 잘못이 아니에요." 백만 번 말해도 부족한 이 말이 흘러넘치도록.

몰랐을 리 없다

한 아이스크림 광고가 아동을 성적으로 대상화했다는 비판을 받았다. 문제가 제기되고 하루 만에 해당 광고는 중단됐지만 논란은 그보다 오래갔다. 광고 중단 후 올린 사과문에는 "일반적인 어린이 모델 수준의 메이크업을 했고, 평소 활동했던 아동복 브랜드 의상을 착용했지만, 불편함을 느끼는 고객의 의견을 적극 수용해 영상 노출을 중단"했다고 밝혔기 때문이다. '나는 잘못한 게 없지만 네가 기분이 나빴다면 미안해'라는 조건부 사과문의 정석 같았다.

논란의 핵심은 사과문에 언급된 의상과 화장 그 자체라기보다는 배치 방식에 있었다. 그러니까 어깨가 일부 드러난 프릴 달린 분홍색 원피스를 입고 분홍 톤으로 맞춘 화장을 한 소녀를 보여주고 그다음 장면으로 립스틱을 바른 핑크색 입술을 화면 가득 클로즈업한 것은 과연 포르노그래피 인용이 아닐 가능성이 있을까? 최소한 광고 제작자는 이러한 해석의 가능성을 몰랐을 리 없다. 광고가 소비자의 시선을 끌기 위해 때로는 은밀하게 때로는 노골적으로 포르노그래피적 이미지를 사용하고 성적인 암시를 한다는 것은 이미 널리 알려진 사실이다. 그리고 1970년대 중반부터 포르노 잡지들은 구강성교를 새로운 성적 판타지로 재창조하는 과정에서 립스틱 바른 입술을 클로즈업한 이미지를 성기 노출을 대체할 수 있는 이미지로 사용해왔다. 하지만 이런 레퍼런스는 감쪽같이 감춰지고, 광고가 가진 문제를 지적하는 사람들은 오히려 모든 것을 지나치게 성적으로 해석하려 하며 강박적이고 권위적이며 위선적이라고 비난받았다.

하지만 이 광고를 '소아성애적'이라고 비판하는 것은 좀 다른 문제다. 소아성애 측정방법 중 성인과 아이, 여성과 남성, 풍경과 인물 등의 사진 슬라이드를 보여주고 눈동자의 반응시간을 기록하는 방법이 있다. 이때 인물들은 노출이 없는 일상적인 옷을 입고 정자세를 한 채 편안하게 정면을 응시한다. 소아성애 진단을 받은 아동 성범죄자는 그렇지 않은 아동 성범죄자에 비해 아동 사진에 눈동자가 머무는 시간이 두 배 가까이 된다. 이 말은 소아성애자는 아동이 성인처럼 꾸밀 때가 아니라 아동처럼 보일 때 성적으로 반응한다는 의미이고, 바로 그 점에서 비정상적이라고 분류된다는 의미다.

일부 소아성애자들은 자신의 이런 욕망으로 인해 아이를 해치고 자신의 인생을 절망적으로 만들 것을 두려워해 화학적 거세 등을 선택하기도 한다. 하지만 우리 사회에 과연 이렇게 자책하며 자신의 욕망을 저주하는 소아성애자의 형상이 있던가. 우리 사회는 오히려 열네 살 미만을 접대 장소에 '특별주문'하고 '영계를 선호한다'라는 소리를 공공연하게 하며 성인 여성이 아이처럼 굴 때 성적으로 매력적이라고 말하는 사회가 아닌가. 나는 우리 사회가 과연 소아성애를 금기한 적이 있기나 한지 묻고 싶다.

피해라는 날개와 발톱

나는 요즘 종종 '여성은 무엇인가?'라는 아주 근원적인 질문을 스스로에게 던져본다. 눈에 보이는 악의와 부정의를 쫓아내기 위해 전력을 다하다가 문득 숨을 고르다 보면 어느새 다른 모습을 한 악령이 어깨 위에 있는 것을 발견하고 소스라치게 깨는, 그런 가위에 눌리기도 한다. "이건 병이야. 아니야, 이건 병이 아니야. 이건 저항이야"라고 혼잣말을 하며 고개를 저었다가, 다시 고개를 끄덕이기도 한다. 마음속에 들리는 소리는 선연하다.

"나는 여자가 싫다."

이 말은 바로 다시 나에게 비수가 되어 돌아온다. 급하게 다시 말을 바꾼다.

"나는 가부장제에서 말해지는 '여자'가 싫다."

하지만 여자가 되지 않고는 피해에 대해 말할 수 없다. 여자이어서 겪는 폭력이기 때문에, 그 폭력을 고발할 때에는 먼저 여자라는 걸 증명해야 하는 건가 하는 생각이 든다. 여자라는 존재 자체에 스며 있는 존재하지 않음, 설명되지 않음, 모든 것에 대해 이해를 구해야 하는 피곤함과 그로 인한 우울감을 떨치기 위해 애쓰다가도, 울컥할 때가 있다. 남자가 자신의 존재를 기준과 개념으로 만든 역사에 구역질이 맹렬하게 난다. 남성의 언어로 피해에 대해 설명하다 보면 그 언어 안에서 다시 타자화되고 대상화되고 조각난다는 느낌을 받게 된다. 결국 피해에 대해 말할수록 점점 더 설명이 되기는커녕 나조차 스스로를 이해할 수 없게 되어버린다. 캐서린 맥키논은 법 체제는 강간 안에서 성교를 보지만, 피해자들은 성교 안에서 강간을 본다고 일갈했다. 하지만 여성이라는 존재 자체가 이미 남성폭력에 의해 구성됐다고 깨닫는 순간 숨이 막히고 길을 잃은 것처럼 막막하다.

지금까지 여성주의는 여성의 입장에서, 다시 말해 피억압자의 입장에서 피해자의 말을 주의 깊게 들으라고, 거기에 모든 해답의 실마리가 있다고 말해왔다. 그리고 이 말은 지금도 여전히 유효하다. 여성에게 가해지는 억압에 이름이 붙여지기 시작한 것은 불과 20여 년 안팎의 일. 1987년 제정된 남녀고용평등법을 제외하고는 1994년 성폭력특별법, 1995년 여성발전기본법, 1997년 가정폭력방지법, 1999년 남녀차별금지법 등 여성에 대한 차별과 폭력을 금지하는 법률안 제정은 1990년대가 되어서야 비로소 가능했다. 여성에 대한 차별과 폭력이 불법이 된 지 채 10년도 되지 않았다는 말이다.

하지만 겨우겨우 이름을 붙이는 데 성공한 몇몇 폭력에 대해서조차 피해자로서 대우받는 여성으로 취급되려면 피해자처럼 굴어야 한다는 새로운 명령을 받게 된 상황이기도 하다. 가장 피해자다울 때, 법과 사회는 그 피해자를 보호하겠다는 결정을 내린다. 기존의 '여성다움'이 주는 억압에 반대했던 여성들은 새로 주어진 성역할에 어리둥절해하면서도, 그것이 정말 피해인지를 끊임없이 묻는 권력들의 질문에 충실하게 벌어진 상처를 피해의 증거로 내보이며 이래도 믿지 않을 거냐고 말할 것을 요구받는다. 하지만 이런 방식은 피해를 입은 개인들에게는 유용할지 모르지만, 그러한 침해를 지속하는 권력관계들에 하나도 위협적이지 않다. 그리고 이런 방식은 가장 피해자다운 여성이 누구인지, 그래서 법제도적 틀 안에서 어떤 여성들을 보호할 것인지를 경쟁시키는 구도를 유지하게끔 한다. 남성사회에서 피해에 대처하는 이상적인 여성상이란 피해를 입었다고 권리를 요구하고 분노를 표현하는 여성이 아니라, 가장 피해 입기 쉬우면서도 자신의 취약함을 잘 알고 남성에게 보호를 위탁하고자 노력하는 여성이 아닌가. 뿌리 깊은 억압들은 모두 강제와 동의라는 두 가지 방법을 동원하는데, 억압에 동의하게 만드는 가장 유용한 방법은 다른 선택의 여지를 주지 않는데 있다. 선택의 여지를 주지 않고 자원을 최소화하면서 상처와 고통을 경쟁시키면, 여성은 어느새 피해자화라는 함정에 빠져 동굴에 갇히게 된다.

여성운동은 여성 개개인의 경험이 '개인만의 경험'이 아니라는 문제의식에서 출발했다. "너도 그랬어? 나도 그랬어. 나만 이렇게 느끼고 있었던 게 아니라서 다행이야" 하며 손을 맞잡았던 기억이 그 유명한 "개인적인 것이 정치적인 것"이라는 구호를 만들어 냈다. 하지만 차별과 폭력 경험의 공통점이 여성들 간의 연대를 만들어냈다는 명제는 여성이라면 (모두) 차별과 폭력을 경험했을 것이며, 그러므로 차별과 폭력을 경험하지 않았다면 여성이 아니라는 대우명제를 충족시켜야 참이 된다는 논리적 귀결에 도달한다.

이것이 바로 여성운동과 피해자화 사이의 고리를 연결하는 악순환의 정점이다. 반성폭력운동을 하면서 자신은 피해를 입지 않았다는 이유로 죄책감을 가지는 것, 성폭력 피해 생존자 자조모임에서 폭력의 정도와 고통의 크기를 서로 비교하며 상처를 주고받는 것, 생물학적 여성에게 지나치게 기대하는 것, 자신을 돕는 여성이 자신을 100퍼센트 이해하지 못한다는 이유로 비난하는 것 등. 피해자화라는 함정은 이제 외부에만 있는 것이 아니라 내부에, 그리고 바로 나 자신에게 확산되고 있다. 피해자화의 무서운 점은 '우리'는 (모두) 단 한 발도 나아갈 수 없을 것이라는 무기력함을 만들어낸다는 데 있다. 상처와 고통의 기억들을 역사화하며 개인은 성장해간다. 하지만 그 과정 전체를 완전히 함께할 수는 없다. 현실적으로 불가능한 기대이고 연대라는 이름의 신화다. 당신이 내가 아니듯, 나도 당신이 아니다.

피해 경험의 공통성과 잠재적 가능성은 여성 연대의 필요조건 중 하나이지만 충분조건은 아니다. 피해 경험은 때로는 공동 감각을 가능하게 하지만 때로는 차이를 더욱 분명하게 드러내기도 한다. 남성의 타자로 정의되었던 여성들은 스스로를 다시 정의하며 자기 자신이 되는 과정을 통해 대문자 여성(Women)에서 소문자 여성(women)으로 나아가는 새로운 길을 모색할 수 있다.[1] 피해 경험의 공통성은 이 긴 여정에서 만난 하나의 정거장일 뿐이다. 거기에서 여성 정체성의 본질을 찾게 되면 피해자화라는 함정에 쉽게 빠지게 된다.

"내 삶은 너의 포르노가 아니다"

어느 날 지인의 제보로 자신의 성관계 동영상이 인터넷에 돌아다닌다는 걸 알게 된 A씨는 삭제해도 계속 다시 생성된다는 사실에 좌절해 생을 마감한다. A씨의 친구는 그 동영상이 유작이라는 이름으로 계속 소비되는 것에 분개, 업체와 경찰 등에 항의했지만 별다른 소득을 거두지 못하자 방송국에 제보한다. 피해자와 피해자의 친구를 대신해 불법 동영상 문제를 추적하던 방송국 피디와 작가는 여기에 거대한 카르텔이 숨겨져 있다는 것을 알게 된다. 〈그것이 알고 싶다〉 1131회에 담긴 내용이다. 이 프로그램이 방영된 직후 청와대 국민청원 게시판에는 이런 글이 올라왔다. "사실과 많은 부분이 방송되었더군요. 이걸 그대로 두면 안 됩니다." 읽을수록 이상한 비문非文이다. 방송에 보도된 내용이 사실과 달랐다면 정정보도를 요청하면 될 터이다. 작성자는 정정보도 요청은 고사하고 이 방송으로 인해 생길 문제가 무엇인지조차 말해주지 않는다. 저 두 문장은 작성자의 문장 실력이 아니라 무의식을 드러내는 것은 아닐까.

프로이디언 슬립Freudian Slip, 프로이트는 말실수는 의미불명이 아니라 또 다른 의미를 무심결에 드러낸다고 했다. 아마 원래의 문장은 이랬을 것이다. "많은 부분이 사실인 방송이더군요. (웹하드 업체와 헤비업로더가 더는 장사를 못하게 되니) 이걸 그대로 두면 안 됩니다." 실제로 작성자가 원하는 건 '〈그것이 알고 싶다〉 웹하드편 다시보기 서비스 중단'이었다. 정정보도도 고발도 아니라 적극적인 무관심을 요청한 것. 그래서 굳이 방송 내용을 다시 글로 쓴다. 방송에 따르면 웹하드 업체는 유출 영상 차단기술을 보유하고 있음에도 헤비업로더들과 결탁해 수익을 확보하고, 삭제 지원을 명목으로 피해자에게 비용을 전가해왔으며, 헤비업로더들이 가지고 있는 엄청난 양의 동영상은 환금성 높은 자산이 되고, 그 안에서 한 명 한 명 구체적 개인의 삶은 누군가의 100원짜리 성욕 해소를 위해 파괴되고 있었다.

"내 삶은 너의 포르노가 아니다"라는 구호는 포르노그래피에서 여성이 재현되는 방식에 문제를 제기했던 이전 세대 페미니즘이 싸웠던 지점, 즉 포르노그래피가 만들어내는 재현의 구성적 힘constituting power을 문제시하는 차원을 훌쩍 넘어섰다. 피해 여성들은 결코 피해 이전으로 돌아갈 수 없는, 불가역적인 상황이라는 점이 가장 절망스럽다고 했다. 연인 사이에 일어난 데이트 폭력은 '안전이별'이라는 말이 나올 정도로 강력범죄화되었고, 그 과정에서 낙태는 이제 다시 남성의 무기가 되었으며, 유출 영상을 돌려보며 "그러게 누가 떡치고 헤어지래?"(2018년 7월 29일 디시인사이드

국내야구 갤러리에 올라온 글)라고 말하는 사회에서, 대체 성폭력이 아닌 섹스는 어디에 있는가? 그것이 알고 싶다.

양진호의 폭행 피해자는 알고 있었다

기자가 양진호 폭행 사건의 피해자에게 이렇게 질문했다. "심각한 폭행이었는데 경찰에 신고할 생각은 안 하셨는지요?" 폭행 피해자가 답했다. "일이 더 커지면 가족에게 누를 끼칠 것 같아서 참았죠."

그는 퇴사 후 위디스크 아이디로 댓글 다섯 개를 달았다는 이유로 회사로 불려 가 뺨을 맞았다. 그 동영상에는 회장이 퇴사자를 폭행하는 상황이 눈앞에 펼쳐지는데도 묵묵히 일을 하는 직원들의 모습이 담겨 있었다. 동영상 속 이미지는 강력했다. 갑질을 하는 회장과 심지어 퇴사 후에도 묵묵히 맞고 있는 전 직원, 그리고 그 모든 것이 사실이 아닌 듯 침묵하는 주변인들까지. 그 동영상은 해석을 필요로 하지 않는 것처럼 보였다. 하지만 우리는 알고 있다. 특정한 방식으로 배치된 이미지들은 이미 특정한 방식으로만 해석되도록 요청된 것이라는 사실을. 그는 명백한 피해자이고, 양진호는 가해자이다. 여기에 어떤 해석이 더 필요한가.

하지만 우리는 이 이야기에 또 다른 배경이 깔려 있다는 것을 안다. 폭행 가해자인 양진호는 우리나라 웹하드 시장에서 최대 지분을 가진 사람이다. 그의 죄는 단지 일회성 폭행이 아니라 폭력을 통해 부를 생산하고 권력을 창출해낸 과정 전반에 걸쳐 있다. 수많은 여성이 소셜미디어를 통해 '리벤지 포르노'라는 이름으로 유포·유통되고 있는 온라인 성폭력의 심각성을 알렸고, 이별 후에 전 여자친구와의 성관계 영상을 유통하는 가해자, 그 영상을 유통하여 돈을 버는 헤비업로더와 웹하드 업주 간의 카르텔을 고발했다. 피해자가 죽으면 유작이라는 이름으로 마케팅을 한다는 내부고발까지 나왔다.

하지만 그 어떤 문제제기도 실시간 검색어에 오르지 않았다. 모든 웹하드의 모든 콘텐츠가 그런 건 아니니까. 포르노와 몰카 유출 영상을 구분하는 것은 사실상 어려우니까. 나라는 존재가, 나의 삶이 나와 상관없는 누군가의 성욕 해소 도구로 영원히 사용되는 현실에 놓인 피해자들에게 기껏 "잊어버려"라고 말하는 사람들은 양진호가 전 직원을 폭행한 동영상에는 왜 그토록 분개했을까. 그 동영상은 폭행 동영상이고, 다른 동영상은 야한 동영상이기 때문일까.

기자가 다시 물었다. "그렇다면 다시 이야기를 꺼내게 된 계기가…?" 폭행 피해자는 답했다. "취재팀에 전화가 왔는데 동영상이라는 걸 찍어놨대요. 저를 찍었는지는 꿈에도 생각을 못했거든요."

그는 인생 끝까지 묻어두려고 했는데, 그 동영상을 양진호가 소장하고 있다는 이야기를 듣고는 용납하지 않겠다고 생각했다. 마음만 먹으면 피투피P2P(개인 간 파일 공유) 사이트에서 얼마든지 동영상을 유포할 수 있다는 생각을 하는 것만으로 소름이 끼쳤다고 했다. 그는 가족은 아직도 폭행 피해자가 자신이라는 걸 모른다고 했다. 자신도 끝까지 가족에게 말하지 않을 생각이라고도 했다. 그는 그 동영상에서 자신이 인간 이하의 취급을 받는 모습을 가족이 알면 상처받을 것이라고 생각했고, 인간 이하의 취급을 받았던 스스로를 수치스럽다고 느꼈다.

그리고 그는 마지막으로 양진호의 피해자는 자신만이 아니라고 하면서, 불법 동영상 카르텔이나 '리벤지 포르노' 피해자에 대해 언급했다. 그가 이 문제를 세상에 알리게 된 이유는 '갑질 폭행'이 아니라 '동영상'이라는 점에 주목해야 한다. 그는 자신의 피해가 다른 여성들의 피해와 구조적으로 동일하다는 것을 알고 있었다.

안희정과 재판부가 유죄다

안희정 전 충남도지사 사건에 대한 1심 선고가 나왔다. 기습적으로 이루어진 강제추행 5회, 업무상 위력에 의한 추행 1회, 위력에 의한 간음 4회 등에 대해 재판부는 모두 무죄를 선고했다. 재판부는 업무상 상하관계에 있는 등 상호 지위상 위력관계인 점은 인정되나, 위력을 실제로 행하여 성적 자기결정권을 침해했다는 판단을 내리기에는 범죄가 충분히 증명되지 않았다고 보았다.

방청석에서 재판부의 판결문 요지를 들으면서 나는 내 귀를 의심했다. 재판부의 판결문은 결심공판 당시 안희정 변호인단에서 주장한 내용과 일치했기 때문이다. 2018년 7월 27일 결심공판에서 안희정 변호인단은 다음 세 가지를 주장했다.

첫째, 피해자는 러시아 출장 중 최초의 업무상 위력 간음이 발생했다고 주장하는데 바로 그날 아침에도 순두부 등 안희정이 좋아하는 메뉴를 구해 오는 등 주어진 업무 이상으로 마음을 다해 일했다. 둘째, 사건 이후에도 제삼자에게 안희정에 대한 존경과 지지 의사를 표명했다. 셋째, 피해 후유증을 전혀 감지하지 못할 정도로 일상적 업무를 잘 수행했다. 즉 피해자답지 않게 피해 이후에도 성심성의껏 업무를 수행했다는 것이 안희정 변호인단의 주장이었다. 실소가 나왔다. 얼마나 궁색하면 저런 낡은 논리를 내세울까 싶었다.

연구 목적으로 재판 방청을 종종 하는데, 보통 이런 종류의 사건은 위력관계를 상쇄할 만한 다른 관계성이 있는지에 초점이 맞춰진다. 사장과 비서라 해도 연인일 수 있고, 정치인과 보좌관이라고 해도 섹스 파트너일 수 있다. 그래서 연인관계로 보이는 사진, 금전거래가 오간 흔적, 만남 제안 방식 등을 두고 공방이 벌어진다. 하지만 안희정 사건에서는 그런 증거가 전혀 제출되지 않았다. 피해자는 안희정을 한 번도 남자로 생각해본 적이 없다고 여러 번 반복해서 흔들림 없이 진술했다.

위력이 행사된 정황 역시 충분하다. 공소가 제기된 총 열 건의 사건 가운데 여덟 건이 피해자가 근무를 시작한 지 두 달 안에 이루어졌다. 최초의 위력 간음은 근무를 시작한 지 3주 만에 국외출장 중에 벌어졌다. 안희정은 유력 대선주자였고 피해자의 임면권자이며, 정치권에 들어온 지 얼마 되지 않은 피해자는 이곳에서 제일 중요한 건 평판 관리라는 말을 누누이 들었다.

결심공판에서 검사는 피해자의 진술에 매우 일관성이 있고 수많은 객관적 증거에 의해 뒷받침되어 유죄 판단의 근거가 충분하다며 안희정에게 징역 4년을 구형했다. 그러나 재판부는 “피해자의 진술에서 모순되거나 누락된 점이 발견되었으며, 제출된 증거만으로는 범죄의 증명이 부족"하다며, "피해자가 명시적 동의를 표현한 적 없고 나름의 방식으로 거절했다 하더라도 현재 우리 성폭력 범죄 처벌 체계에서는 성폭력 범죄로 볼 수 없다"며 입법부로 공을 넘겼다.

안희정은 휴대폰을 끝까지 제출하지 않았고, 3월 6일 페이스북에 직접 합의에 의한 관계가 아니었다고 자백했다. 진술을 바꾼 것도 증거를 인멸한 것도 안희정이었다. 재판부는 증거능력도 없는 안희정 가족이 피해자를 일방적으로 음해하도록 허용했고, 피해자에게 정조 운운하며 전근대적인 관념을 드러내기도 했다. 하지만 선고공판 판결문에서 재판부는 정조 관념은 이미 낡은 것이며 지금은 성적 자기결정권의 시대라고 말을 바꾼다. 상황에 따라 말을 바꾼 것은 누구인가. 증거를 인멸하고 무시한 것은 누구인가. 안희정과 재판부다. 그들이 유죄다.

성인지감수성과 두 개의 점

안희정 2심 유죄 판결 이후, 성인지감수성이라는 '만능 치트키'가 등장해 남성을 모두 잠재적 가해자로 만들었다는 식의 선동이 일부 유력 시사 팟캐스트를 중심으로 확산되고 있다. 마치 성인지감수성을 내세우기만 하면 모든 성범죄 피고인이 유죄 판결을 받기라도 하는 것처럼 이야기하고 있지만 사실이 아니다. 당장 안희정 사건만 해도 1심과 2심 재판부는 동일한 대법원 판례를 인용해 성인지감수성을 언급했지만 결과는 판이했다. 어째서였을까?

우선 개념부터 살펴보자. 성인지감수성이란 젠더에 기반해서 배제와 차별이 일어나게 되는 사회적·문화적 요인이 무엇인지를 이해하는 '능력'을 말한다. 예를 들어, 교과서에 등장한 성차별적 표현을 교정하기 위해서는 그 표현이 문제라는 점을 '알 수 있는 능력'이 있어야 한다. 그걸 바로 성인지감수성이라고 한다. 노숙인 복지정책 사례를 보자. 남성 노숙인과 여성 노숙인이 처한 상황과 조건은 매우 다르다. 성인지감수성이 없다면 이런 차이를 고려하지 못해 효과적인 정책을 설계할 수 없다. 공공정책에서 성인지감수성이 점차 중요해지는 이유이고, 성인지감수성을 제대로 발휘하려면 노력이 필요하다는 의미다.

1심과 2심에서 완전히 다른 결과가 나온 이유는 이렇다. 1심 재판부는 성인지감수성을 언급했지만 실제로 활용할 능력이 없었고, 2심 재판부는 성인지감수성을 정확하게 이해하고 사용했다. 예를 들어보자. "ㅇㅋ" "바이" "네" ".." "넹?" "자니" "아니욤" "올래?" "주무시다 깨심요?" "ㅇ" "넹?" ".." "담배" "네 담배" ".." "다른 건요" "없다" 1심 재판부가 인용한 텔레그램 대화방의 내용 중 일부다. 보도된 것은 주로 '넹?'이었지만 쟁점은 두 개의 점 해석이었다.

피해자는 이 두 개의 점이 불쾌함이나 침묵을 표현한 것이라 생각했고 굉장한 압박감을 느꼈다고 진술했다. 밤늦게 상사가 "올래?"라는 문자를 보냈을 때, 즉각 가겠다고 답하지 않고 주무시다 깨셨냐고 되물었더니 "ㅇ"이라는 자음 한 글자가 답으로 온 상황이다. 그런데도 알겠다고 하지 않고 "넹?"이라고 되물었다. 그랬더니 두 개의 점("..")이 찍혔다. 자, 이런 상황에서 이 두 개의 점은 무슨 의미일까. 주변 사람들에게 전후맥락과 상황을 설명하고 두 개의 점이 무슨 뜻인지 물어보니 백이면 백, '화났네, 덜덜덜' 이런 반응이었다. 이것이 상식일 것이다. 그러나 1심 재판부는 "담배"라는 말을 쓰기 전에 ".."이라고 쓴 것은 업무지시가 아니라 피해자의 의사를 확인하는 과정이라고 보았다. 비서에게 성관계를 제안해보고자 하지만 거절당할 수도 있다고 생각하고 조심스럽게 점 두 개를 찍는 도지사의 모습이라도 상상했던 걸까?

성인지감수성은 고사하고 가해자에게 완전히 빙의하여 점 두 개에 내포된 의사를 대신 읽어주기까지 한 것이다. 1심과 2심 재판부의 판결이 완전히 달랐던 것은 형사법상 증거원칙을 흔들었거나, 피해자 입장을 일방적으로 수용했기 때문이 아니다. 1심 재판부가 가해자의 입장을 이 정도로 적극적으로 해석해주었기 때문이다. 반면 2심 재판부는 피해자의 일관된 증언뿐만 아니라 주변 정황, 삼자 증언의 신뢰성 그리고 무엇보다도 '피고인' 증언의 신뢰성과 일관성 여부 등을 종합해서 유죄 판결을 내렸다. 성인지감수성은 2심 재판부가 두 개의 점을 해석하는 통상의 상식에 가까워지는 데 도움을 주었을 뿐이다. 만능 치트 키는 없다. 상식이 달라졌을 뿐이다.

그녀는 당신의 남편에게 반하지 않았다

성폭력 가해자 치료 수강 명령 제도는 교육을 통해 범죄성을 개선하고 출소 후 사회 재적응에 성공하도록 돕는 것을 목적으로 만들어졌다. 주요 내용은 왜곡된 성의식 변화 및 피해자 입장에서 사건을 재인지하는 인지 공감 훈련 등이다. 잘못 구성된 핵심 신념을 재구조화하면 재범죄율을 낮출 수 있다고 보는 인지모델cognitive model에 기반한 행동치료기법을 응용한 것이다.

가해자뿐 아니라 피해자도 이 치료모델이 필요할 때가 있다. 많은 성폭력 피해자가 사건 당시 자신의 행동을 복기한다. 그리고 그게 최선이었을까를 수없이 물으며 자신의 정신 건강을 스스로 위협한다. "내 잘못이 아니었을까?"라고 끊임없이 되묻는 성폭력 피해자에게 "당신 잘못이 아니다"라는 말을 여전히 더 많이 해줘야 하는 이유다.

가해자는 어떨까? 가해자 교육 프로그램의 핵심은 사건을 다시 구성해보는 것이다. 한 번은 가해자 입장에서, 한 번은 피해자 입장에서 사건을 재구성해보고 그 과정에서 잘못된 신념을 찾아낸다. 가해자들은 이를 가장 힘들어한다. 가해자의 주장은 결국 한 가지다. 피해자가 유혹했다는 것이다. 이들은 사건이 일어난 전후의 표정, 옷차림, 태도, 말씨 등 온갖 비언어적 뉘앙스를 종합하여 자신에게 관심이 있었던 것이 분명하다고 주장한다. 부하 직원이 평소에 자신과 이야기할 때 유난히 눈을 마주치고 웃음을 지었다거나, 애인이 있다는 걸 '숨겼다'는 것이 관심의 증거라고 주장한다. 요즘은 구직자나 부하 직원에게 애인 있냐고 물어보는 것도 성희롱이 된다고 말하면 세상이 왜 이 모양이 되었냐며 분개한다. 이 상태가 계속되면 교육 효과는 전혀 없다. 잘못을 인정하고 수용해야 변화가 일어난다.

가해자가 피해자의 행동 하나하나를 묘사하며 그것이 자신에게 호감이 있었던 증거라고 주장할 때마다 나는 '그녀는 당신에게 반하지 않았다'는 제목으로 책을 써야 하나 싶은 생각을 하곤 했다. 미투 이후에 필요한 건 펜스룰이 아니라 직장 내 불륜을 꿈꾸는 상사를 위한 대중캠페인 '그녀는 당신에게 반하지 않았다', '부장님 그건 성희롱이에요'가 아니었을까.

그런데 불행히도 이 착각은 가해자만의 것이 아니다. 종종 가해자의 가족, 특히 배우자도 이런 착각에 적극적으로 동참한다. 얼마 전 대법원에서 유죄로 판결된 한 배우의 아내는 유튜브 방송에 출연해 남편의 결백을 주장하며 피해자를 비난했다. 피해자가 자신의 남편을 흠모했다고 가해자의 아내가 주장하는 경우도 있다. 불륜의 구체적 증거 하나 없이 가해자의 아내는 피해자의 행동을 자세하게 묘사하며 자신이 그렇게 믿는 이유를 댄다. 대체로 이는 가해자의 착각과 거의 유사하다. 아내의 목소리가 성공적으로 공론장을 지배하게 되면 다수의 피해자가 나선 직장 내 성폭력 사건은 갑자기 매력이 넘치는 권력자 남성을 둘러싼 여자들의 암투로 장르가 바뀌고, 공적이고 사회적인 문제로 해결해야 할 성폭력 사건은 질투와 불륜의 사적 막장극이 되어버린다.

왜 이런 일이 생기는 걸까? 여자의 적은 여자라서 그런 게 아니다. 남편이 잘못했는데도 의리를 지켜주는 아내가 많기 때문이다. 남편이 의리를 지키지 않아도 아내가 봐주는 것이 미덕이라고 여기는 사회이기 때문이다. 우리 사회는 사적 의리가 공적 정의보다 더 강력한 생활 규범으로 자리 잡고 있고, 그중에서도 여성은 오직 가족과 관련해서만 의리를 지킬 것을 요구받는다. 여성의 명예와 평판이 여전히 정상가족을 잘 유지하는지 여부에 달려 있는 사회이기 때문에 그렇다. 그 결과 친족 성폭력의 피해자에게 엄마가 나서서 침묵하라고 종용하는 일도 드물지 않다. 가족 중심주의의 무서운 일면이다.

가해자가 자신의 잘못을 인정하지 않고 아직도 '착각'하는 것 역시 변화를 가로막는 원인이다. 가해자가 착각의 늪에 빠져 자신의 잘못을 끝내 인정하지 않으면, 가해자 가족 역시 똑같은 늪에 빠지게 된다. 가해자가 자신의 범죄를 인정하고 반성해야 가해자 가족이 사적 의리와 공적 정의가 일치하는 삶을 살 수 있게 된다는 말이다.

양현석과 YG 패밀리의 유산

양현석은 나에게 오랫동안 '서태지와 아이들'의 양군이었다. 1992년 데뷔한 서태지와 아이들은 무너진 공교육 현실을 정면으로 비판했고 세 멤버 모두 대학에 가지 않았다. 그들은 존재 자체로 기성세대의 문법에 따르지 않으면서도 원하는 삶을 멋지게 살아갈 수 있다는 희망이었다. 검열에 반대해 〈시대유감〉을 부르며 정직한 사람들의 시대는 갔다고 포효했으며, 발해를 꿈꾼다며 통일을 노래했다. 1996년 1월 서태지와 아이들이 은퇴를 선언했을 때, 한 시대가 저물었다고 다들 이야기했다. 그리고 거짓말처럼 나라가 망했다. 1997년 외환위기가 닥쳤다. 당시 직격탄을 맞은 건 여성이었다. 대졸 여성의 일자리가 줄었고 여성 일용직은 급증했으며, 여초 직종인 서비스직은 저임금·장시간 노동에 불법파견이라는 삼중고를 견뎌야 하는 자리로 변했다. 하지만 외환위기가 여성의 위기라고 아무리 말해도 사회는 그 목소리를 묵살했을 뿐만 아니라 책임마저 전가했다. 당시 지면과 화면에 등장한 남성 전문가들은 경제위기를 이겨내기 위한 비법으로 '남편 기 살리기'를 제안했고 아내들은 실제로 단체를 만들어 남편 기 살리기 운동을 했다. 아이들은 “아빠 힘내세요”라는 노래를 불렀다. 저항정신을 내세우던 로커와 래퍼도 고개 숙인 아버지의 쓸쓸함을 그리며 부모님 말씀을 거역한 불효자인 자신을 반성했다. 위기를 만나자마자 가장 먼저 되살아난 건 가부장을 살리고 그 아래 가족끼리 똘똘 뭉쳐 가족할인으로 묶이는 신가족주의였다.

'아이들'이었던 양현석은 패밀리를 결성해서 돌아왔다. 1999년은 한국의 대중음악계에 본격적으로 패밀리라는 이름이 등장한 해였다. YG엔터테인먼트 소속 아티스트들은 양현석의 말투를 흉내 내고 그와 나눴던 대화를 전달하며 자신이 맺고 있는 관계가 단순히 비즈니스를 넘어선 유사가족 공동체라고 강조했다. 양현석은 그렇게 아이들에서 아버지가 되어갔다. 클럽 버닝썬 사태 이후 경찰 조사 과정에서 기자에게 내사 종결될 것이라고 자신한 그는 기자회견을 자청해 “성접대 결백, 내 새끼 승리 믿었다”며 이 유사가족 공동체 가장의 위치에서 대중에 읍소했다. 그는 가족의 명예를 위해 아들의 잘못을 대신 사과하는 고개 숙인 아버지처럼 굴었지만 그가 바로 성매매 알선 의혹의 당사자라는 점은 교묘히 감춰졌다. 승리는 “한 명당 천 만원” 등 구체적인 문자 증거가 나왔는데도 성매매 알선 혐의로 기소되지 않았다. 양현석은 성매매 알선 등이 이루어진 현장에 동석했다는 증언이 나왔고 가수 싸이도 소환되어 조사받았지만 그 누구도 아직 구속은커녕 기소조차 되지 않았다.

경찰은 명운을 걸고 전력을 다한다고 한다. 하지만 돈은 대부분 현금으로 지불되었을 것이고, 구매자와 판매자 모두 범죄자가 되는 현행 성매매특별법에서 증언을 해줄 여성을 찾는 건 불가능할 것이다. 언제나 이런 방법으로 이른바 '성접대'라고 불리는 성매매 알선 혐의는 증거 불충분으로 끝나버렸다. 클럽 버닝썬 사태의 폭행 피해자 김상교 씨는 도리어 가해자로 기소되었다. 가해자로 몰렸으면 자기 자신을 보호하기 위해서라도 적극 나서야 할 터인데 그는 돌연 입을 다물겠다고 선언했다. 상식으로 이해되기 어려운 일이 잇달아 일어나고 있다. 다행히 대중은 아직 잊지 않았다. 대학가에서는 YG 소속 가수를 초청하지 말라며 항의 성명이 나오고 팬들은 좋아하는 가수가 YG에서 나오길 바란다. 이 절망적인 상황에서 여론과 팬덤만이 희망이 되고 있다. 실제로 그들을 먹여 살려온 게 소녀 팬들이었다는 점에서 이 모든 사태는 정말 엄청난 배신이 아닌가.

연예기획사들이 시스템을 갖추고 주식회사가 되면서 인신매매, 성매매, 마약 등 이른바 어둠의 세계와는 단절된 줄 알았다. 하지만 클럽 버닝썬 사태에서 드러난 범죄 의혹은 약물강간과 미성년자 납치 감금 및 집단강간, 폭행 등 그 정도가 더욱 심각해졌다. 양현석이 패밀리를 통해 남기고자 한 것은 대체 무엇이었을까. 그에게 이런 랩을 들려주고 싶다. "백색가루에 뻗친 끝이 없는 욕심, 너 모르게 죽어갔던 아비를 지켜본 어린아이 눈 속에 비친 너의 개만 못한 짓이여. 이제는 끝이여. 자, 다음 차례 여자들을 팔아넘겨

배 채운 돼지여. 남자란 힘을 잘못 쓴 그대여. 썩은 내 그 목구멍 속에 넘어간 인생….” 너무 심한가. 놀랍게도 이는 1999년 발표된 〈우리는 Y. G FAMILY〉의 가사이고, 작사가는 바로 양현석이다.

장자연 사건 이후 잃어버린 10년

장자연 씨가 세상을 뜬 지 10년이 지났다. 사건의 실체조차 제대로 밝혀지지 않고 있는 데에는 유력 일간지 사장 일가가 관련됐기 때문이라는 것이 지금까지의 정설이다. 하지만 최근 강남 클럽 관련 사건들을 보면서 생각이 좀 달라졌다. 문제는 가해자가 누구인지에 있는 게 아니라 성상납과 성접대가 심각한 문제라는 점을 몰랐기 때문이 아닐까.

장자연 씨 이후 몇몇 여성 연예인은 이른바 스폰 제안을 받은 적이 있다고 '미투'를 했지만 우리 사회는 엉뚱하게 제안을 한 쪽이 아니라 받은 쪽이 어떻게 했는지를 궁금해했다. 결과적으로 제안을 수용했다고 알려진 여성 연예인은 법정에서 성매매 혐의로 유죄판결을 받았고 법정 바깥에서는 여론재판을 받은 반면, 이 문제에 가담했던 연예기획사와 브로커는 대부분 증거불충분 혹은 혐의없음의 판결문을 날개옷처럼 손에 쥐고 엔터테인먼트 사업을 확장했다.

2009년 국가인권위원회에서 발간한 〈여성연예인 인권상황실태조사〉 보고서에 따르면, 이들은 여성 연예인 지망생이나 신인 여성 연기자를 일종의 상품으로 만들어서 사회 유력 인사에게 제공했고, 사회 유력 인사는 얼굴이 알려진 연예인과 유흥을 즐기며 광고 계약과 방송 출연 등을 빌미로 성접대를 받았다. 방송, 광고 등에 영향력을 미치는 유력 인사와의 자리는 비공식 오디션 성격부터 성매매 알선이라는 범죄적 성격까지 넓은 스펙트럼에 걸쳐 있다.

장자연 씨 사건에 목격자 증언을 했던 윤지오 씨는 《13번째 증언》에 이 구조 안에서 어떤 일이 벌어지는지 자세하게 묘사했다. 윤지오 씨는 연예기획사 대표 ㄱ씨가 방송·광고 관계자가 모이는 자리에 자신을 부르는 것을 일종의 비공식적인 오디션이라 생각했다고 했다. 장자연 씨도 당시 비슷한 자리에서 만났고, 같은 방식으로 몇 번의 모임에 참석한 후 둘 다 해당 연예기획사와 계약하는 데 성공한다. 하지만 문제는 오히려 계약 이후에 벌어졌다. 계약만 하고 나면 연예인이 되기 위한 연습과 준비를 하는 스케줄이 잡힐 줄 알았지만 계약 이후 오히려 더 자주 그런 자리에 불려 나갔다. 윤지오 씨는 그 과정에서 운 좋게 기획사에 계약금 두 배를 물어주는 수준에서 빠져나올 수 있었지만, 장자연 씨의 상황은 훨씬 좋지 않았다. 대중에게 얼굴이 막 알려졌는데 소속사에서는 사전 협의도 없이 에로 영화에 전라로 출연하게 했고, 성상납을 끊임없이 요구했다. 커리어 관리가 전혀 안 되는 상황에서 장자연 씨가 선택할 수 있는 길은 많지 않았을 것이다. 장자연 씨가 결국 죽음에 이르게 된 이유는 스폰에 응했는지, 술자리에서 접대를 했는지, 그 결과 배역을 따냈는지 등 여성에게만 책임을 묻는 사회 때문일 것이다.

지금은 달라졌을까. 클럽 버닝썬 사태를 보면 그렇지 않은 것 같다. 이 클럽의 관계자들은 강간을 가장 스릴 넘치지만 안전하게 즐길 수 있는 상품으로 기획했고, 성공적인 접대를 위해 여성의 몸을 상차림에 올렸다. 이 모든 것은 이들이 대화방에서 스스로 자백했듯이 클럽에서의 강간과 성접대 모두 여자 탓으로 돌리면 얼마든지 빠져나갈 수 있다는 것을 알고 있었기 때문에 가능했다. 자신의 매력 자본을 가장 잘 활용할 수 있는 유명 남성 연예인조차 여성에게 의사를 묻고 동의를 구할 노력을 굳이 하지 않고 약물강간과 불법적 성거래, 그리고 성관계 영상 유포 등의 범죄에 직간접으로 가담했다는 정황이 드러나고 있다. 더 악화된 것이다. 이번에는 '누가'를 넘어, 성상납 혹은 성접대라고 불리던 폭력적인 성문화이자 현행법상 불법인 '성거래' 전반을 문제 삼자. 그래야 바뀐다.

5장

여자는 무엇이든 될 수 있다

페미니즘 없이 민주주의 없다[1]

안녕하세요. 오늘 저는 페미니즘과 민주주의의 관계에 대해 이야기하러 나왔습니다. 제가 아주 좋아하는 배우 윤여정 씨가 언젠가 토크쇼에서 나와서 이런 말을 한 적이 있습니다. 그 특유의 쿨하면서도 다정한 말투로, 이렇게 말했어요. "인간은 너무 다양해. 그래서 민주주의가 어려운 거야." 윤여정 씨는 다른 인터뷰에서도 종종 민주주의라는 말을 입에 담았는데요. "대화하는 상대가 겸손하면 저도 겸손해지고, 그렇지 않으면 반대로 대해요. 예를 들어 어린 기자가 나에 대해 공부 안 하고 와서 어이없는 질문을 하면 나는 화를 낼 권리가 있어요. 나는 인터뷰에 열심히 임할 준비가 되어 있으니까요. 민주주의 국가인데 할 말 못하고 살면 어떡해"라는 말을 한 적도 있죠. 화낼 권리가 있다는 말과 할 말을 하는 게 민주주의라는 말을 마음에 새겼어요.

저는 민주주의라는 말을 거창하거나 엄숙하지 않게 생활용어로 이렇게 정확하고도 명징하게 사용하는 윤여정 씨의 태도를 배우고 싶습니다. 이거야말로 민주주의의 정수라고 생각하거든요.

2017년 5월 대선 개표방송에 나왔을 때에도 윤여정 씨는 별다른 거창한 이야기를 하지 않았습니다. 다만 '광장의 의미'에 대한 질문에 '축제'였으면 좋겠다고 대답한 것이 기억납니다. 나중에야 깨달았습니다. 윤여정 씨는 광장의 "미래"에 대해 이야기했다는 걸요.

차이와 갈등을 대하는 태도

윤여정 씨와 함께 나왔던 유시민 씨는 촛불이 만들어낸 광장의 '현재'에 대단히 큰 의미를 부여했습니다. "지난겨울, 광장에 나온 사람들은 대통령 탄핵만 갖고 나온 것은 아니었다. 살아가면서 당하는 온갖 억울한 일, 고통스러운 일을 이야기했다"며 "대한민국 시민이 살아가면서 겪는 부당한 차별과 억압을 다들 털어놨다. 서로 알게 되고 이해하게 되고 공감하게 되면서 그 모든 것이 이번 대선에서 표출되는 것"이라고 말했습니다.

정말 그랬을까요. 저도 광장에서 이해와 공감이 이루어졌다고 생각하지만, 선결 조건이 있습니다. 그건 갈등이 제대로 드러났기 때문에 가능한 일이었습니다. 이해와 공감이 아니라 바로 차이와 갈등을 대하는 태도가 민주주의의 핵심이 아닐까요. 저는 진보와 보수를 가르는 핵심은 특정 사안에 대한 의견 차이 자체가 아니라 의견 차이를 다루는 방식에 있다고 생각합니다. 보수는 의견 차이를 지워버리고, 진보는 의견 차이를 존중할 수 있는 민주주의적 과정을 만들죠. 하지만 성차별과 성평등 문제에서 보수와 진보는 별 차이 없을 때가 종종 있습니다. "남자는 원래 그래"라거나 "너무 예민한 거 아니냐"거나 "사소한 문제에 집착한다"는 식으로 의견 차이를 지워버리곤 합니다.

다시 강조하건대 광장 촛불집회 이후 대선 과정에서는 어떤 목소리와 존재가 지워졌습니다. 지난겨울 광장에서는 다양한 목소리가 있었던 것을 저는 분명하게 기억합니다. 광장에는 없었지만 지금 일하고 있는 바로 그곳에서 박근혜 정권 퇴진 팻말을 들었던 알바노조원들의 행동도 기억하고, 그중 한 명이 연단에 올라가 아르바이트 노동자의 현실을 이야기하던 것도 기억하고, 성소수자 여러분을 부르는 사회자의 목소리도 기억합니다. 하지만 다양한 사람이 그저 행복하게 공존했던 것은 아닙니다. 유례없는 비폭력 평화시위였다는 세계적인 찬사가 있었지만, 여성혐오 논란도 빠지지 않았습니다. 엉덩이 만지고 튀고 가슴 만지고 도망가는 등의 직접적인 길거리 성추행도 있었습니다. 여성의 몸에 가해지는 폭력을 '은유'로 사용해 박근혜 전 대통령의 여성성을 조롱하는 팻말을 든 촛불시위 참가자들은 자신의 말이 박근혜가 아니라 광장에 나온 다른 여성을 모욕한다는 것을 문제제기 전까지 알지 못했을 것입니다.

광장의 목소리는 다양했지만 평등하지는 않았습니다. 서로 공감하기보다는 차이가 명백하게 드러나는 긴장의 순간들이 있었습니다. 가수 DJ DOC는 가사가 여성혐오적이라는 문제제기를 받아 무대에 오르는 것이 미뤄졌고, 결국 논란이 된 가사를 바꾼 끝에 그다음 주에 무대에서 공연할 수 있었습니다. 광장에서 우리는 실제로 차이를 경험했고, 봉합하지 않고 갈등이 드러났으며, 그로 인한 변화가 이루어지는 모습까지도 목격했습니다.

페미니스트인 저에게 지난겨울의 촛불시위와 광장은 그런 것이었습니다. 억눌렸던 목소리가 나오고, 그 목소리들이 갈등하고 반목하지만 그다음 주에 다시 광장에서 만나는 그런 경험 말이죠. 저는 이것이야말로 민주주의가 만들어낸 가장 힘 있는 정치적 장면이라고 생각했습니다. 결코 완벽하지 않지만 그런 불완전한 상태를 견뎌내는 능력치가 커지는 것 말이죠. 이것이 이른바 시민의 성숙이고, 일방적으로 참는 것이 아니라 서로가 조심하고 서로를 한 명의 동등한 시민으로서 알아가는 과정이 아닐까요. '불완전함이 지속가능한 것', 저는 이것이 민주주의의 가장 이상적 형태라고 생각합니다. '우리 모두는 주권자'이고, '약하고 불완전하고 못나고 가난한 사람들'이 제 목소리를 내면서 사람들을 맘껏 불편하게 만드는 것, 그런 게 민주주의잖아요. 윤여정 씨의 말대로 민주주의는 그래서 어렵고, 그래서 소중한 것이죠. 그러니까 저는 저 슬로건 "페미니즘이 민주주의를 완성시킨다"는 말은 "페미니즘 없이 민주주의 없다"는 말로 이해되어야 한다고 생각합니다.

지워진 여성의 목소리

하지만 대선이 시작되면서 그토록 다양했던 광장의 목소리는 사라졌습니다. 주권자는 사라지고 유권자가 남았습니다. 정치가 아니라 전략이 앞자리를 차지했고, 표 계산이 남았습니다.

꽤 익숙한 풍경이라고 생각했습니다. 분명히 광장에 있었지만 지금은 사라진 목소리들, 이런 장면은 계속 반복되고 있습니다. 3·1 운동을 시작으로 광장에는 항상 여성이 있었습니다. 효순이 미선이의 죽음을 추모하고 잊지 말자고 다짐했던 2002년 촛불을 기억하는 분들이 있을 겁니다. 노무현 대통령 탄핵을 반대하는 수많은 사람 속에서도 여성은 분명히 자리를 지키고 있었고, 이명박 정부 내내 정부에 가장 비판적이었던 집단은 20대와 30대 여성이었습니다.

이들은 이명박 정부가 출범한 지 얼마 되지 않아 반정부시위를 주도했습니다. 독재정권타도가 아니라, 밥상의 문제가 정치의 장에 들어왔습니다. 광장에는 식량주권과 생활정치의 목소리가 퍼졌습니다. 누군가의 급식에, 더 취약한 사람의 밥에, 학생과 군인의 급식에, 광우병 감염 위험이 있는 소고기가 배식될 수 있다는 사실이 시민들을 움직였습니다. 그중에서도 2008년 촛불시위를 주도한 이는 누가 뭐래도 여성이었고, 고등학생이었고, 유모차를 끌고 나온 엄마였습니다.

하지만 이른바 '좌파' 남성들은 항상 이들의 목소리를 대변하거나 보호하고 싶어했습니다. 자신들의 팬클럽쯤으로 생각하고 각성되어야 할 대상으로 취급했지 동등한 시민으로 취급하지 않았습니다. 비키니를 입고 "가슴이 터지도록 (외친다) 정봉주 나와라"라고 외친 여성 시민에게 "코피 팡"이라 응답하고 "가슴의 생물학적 완성도"를 운운하며 그 여성 시민의 글 아래에 주렁주렁

달린 남성 지지자들의 성희롱을 저지하기는커녕 동참했고, 자신들이 계몽한 덕에 여성이 처음으로 정치적 주체가 되었다고 생각하고 말하고 설쳐댔습니다. 한국 현대사에서 여성이 얼마나 늘 정치적으로 참여해왔는지 하나도 모르면서, 여성의 역사를 싸그리 무시하면서 스스로를 진보라고 여기는 수많은 남성우월론자는 2008년 광우병 촛불시위의 주역을 자처하며 여성의 목소리와 존재를 부차적이고 보조적인 지리로 이동시켰습니다.

인터넷 여초 커뮤니티 '삼국카페' 중 하나였던 '쌍코'에 "우리는 진보의 치어리더가 아니다"라는 글이 올라와 많은 여성 네티즌의 호응을 얻는 일이 있을 정도였습니다. 하지만 촛불시위의 주역이었던 여성의 목소리는 어느새 사라지고, 2008년 광장은 다시 남성의 목소리로 채워졌습니다. 2008년의 광장에서는 다시 "쫄지마 시바!"를 외치고, 강남좌파라는 이름으로 부유함을 과시하며 《진보집권플랜》을 출판하고, 전통적 386 운동권 출신의 엄숙하고 권위적인 얼굴을 대중정치의 문법에 맞게 변형하는 '빅 픽처'가 가동되기 시작했습니다. 나는 꼼수다-386 운동권 정치 세력-노무현/문재인 지지자의 연합은 '남성'들에 의해 주도된 것처럼 보였습니다. 그들 스스로가 종종 그렇게 말하기도 했고요. '청취자 여러분', '시민 여러분'으로만 호명된 여성은 다시 정치의 장에서 주변화되었습니다.

하지만 저는 한국 사회의 민주주의는 다른 곳에서 꽃피고 있었다고 생각합니다. 광우병 촛불시위의 문제의식은 무엇보다도 식량주권과 생활정치에 있었고, 촛불소녀와 유모차부대, 배운 여자들은 분명히 광장의 주역이었습니다. 2008년 쏘아 올린 광우병 촛불시위의 문제의식은 무상급식과 보편복지를 둘러싼 사회적 논쟁을 만들어냈습니다. 2012년 대선에서는 청소노동자 출신의 김순자 후보, 통합진보당의 이정희 후보, 금속노조 기륭분회 출신의 노동자 대표 김소연 후보가 출마하는 등 여성 대선후보가 그 어느 때보다도 많았습니다. 여자가 아니라 아버지를 대리하러 나온 후보, 지금은 수감번호 '503' 그분을 포함, 역대 어느 대선보다도 다양한 목소리가 나온 선거였습니다.

광장민주주의가 룸살롱 연대로

하지만 선거 결과는 우리 모두가 알다시피 참혹했습니다. 그리고 우리 사회가 치러야 할 대가는 가혹했습니다. 세월호-강남역-구의역 세대. 이 시대를 살아가는 젊은이는 일-가족 양립은커녕 일도 없고 가족을 꾸릴 가능성도 없으며, 여자라서 살해당하고, 비정규직 청년으로 자신을 갈아 넣으면서 하루하루를 힘겹게 살고 있습니다. 하지만 젊은 여성들에 의해 한국 사회는 새로운 기회를 맞이했습니다. 한국 사회가 완전히 엉망이 되었을 때 이화여대 학생들의 시위가 도화선이 되었고, 강남역 추모공간에 모인 여성들은 "바로 지금 변화가 일어나지 않으면 당장 죽을 수도 있다"며 모였습니다. 저는 이들의 절박한 심정이 한국 사회를 변화시키는 가장 급진적인 정치의 순간을 만들어냈다고 생각합니다.

하지만 촛불에 참여했던 다양한 사람들의 목소리는 대선을 거치면서 몇몇 목소리로 대의되는 과정에서 급격히 작아졌습니다. 자유한국당 홍준표 대통령 후보는 돼지발정제를 먹여 강간공범을 모의했다고 자서전에 썼고, 박지원 전 국민의당 대표는 향후 100년간 여자 대통령은 꿈도 꾸지 말라며 박근혜의 실정에 모든 여성을 연대 책임 지웠습니다. 대선 후보로 출마한 17명 중 여자는 단 한 명에 불과했습니다. 청와대 행정관은 알려진 것만 책 세 권에 걸쳐 룸살롱 출입 경험을 자랑하고, 자신이 말할 자유를 위해 여자를 일상적으로 모욕하는 글을 썼음에도 굳건히 자리를 지키고 있습니다. 점점 더 많은 남성은 이를 통해 '그래도 되는 선'을 배울 것입니다. 지난 정권의 법무부 차관의 성접대 의혹은 영상까지 있었으나 유야무야되었습니다. 국민을 부자로 만들어주겠다던 대통령은 마사지사의 외모를 평가하고, 식당 여주인을 언제든지 희롱해도 되는 대상으로 생각했죠. 2000년 5·18민주화운동 기념일 전날 새천년 NHK 룸살롱에 출입했다는 것이 알려져 물의를 빚었던 386 남성 국회의원들은 화려하게 재기했습니다.

우리 사회의 남성 연대는 확실히 룸살롱 연대를 통해 이루어지고 있습니다. 촛불시민들의 광장민주주의가 어째서 룸살롱 연대로 바꿔치기된 겁니까. 페미니스트 정권이 되겠다는 약속은 어디로 갔습니까.

저는 10년 전 그리고 5년 전 책에 쓴 글이 '잘못'이라고 생각한다면, 제대로 이야기해야 한다고 생각합니다. "남자는 원래 그래"라는 말 뒤에 숨지 마세요. 대의명분과 국익이라는 명분 뒤에 숨어서, 사람들의 문제제기를 마치 대의가 아니며 국익과 위반되는 것처럼 구도를 만들지 마세요. 잘못은 누구나 저지를 수 있지만, 그 잘못을 덮는 과정에서 진짜 문제가 만들어집니다. 왜 "남자들 원래 그래. 그렇게 세상물정을 몰라?" 이런 말을 2017년에도 듣고 있어야 하나요. 바로 그 세상물정을 바꾸지 않고서 대체 무슨 희망과 변화를 말합니까. 이런 시시하고 비겁하고 사소한 남성 간의 의리야말로 민주주의의 주적입니다.

"여성 폭력에 저항하는 목소리는 커질 것입니다."

최근 몇 년간 그 어느 때보다도 많은 사람이 페미니즘에 대해 말하고 있는 것 같아요. 페미니즘이 문제라고 말하는 사람 역시 그 어느 때보다 많습니다. 대체 왜 그렇게 사소한 것에 집착하느냐, 왜 자꾸 남자와 여자를 편 가르려고 하느냐, 여자 남자 이전에 우리는 같은 사람 아니냐. 이런 이야기들 말이죠. 페미니즘이 너무 엄숙해서, 너무 검열을 해서, 너무 사소한 데 집착해서, 너무 여자 편만 들어서, 너무 불편하게 말해서 무섭고 싫다는 분이 많습니다. "문제는 페미니즘이야!"라고 하면 페미니즘이 없어지고 평화로운 세상이 올까요?

2015년 1월 팝칼럼니스트 김태훈 씨는 한국의 페미니즘 역사에 두고두고 회자될 칼럼을 하나 썼습니다. 'IS보다 무뇌아적 페미니즘이 더 위험해요'라는 제목의 글이었죠. "문제는 페미니즘이야!"라고 하면 페미니즘이 뿅 하고 사라질까요? 아닙니다. 놀랍게도 더 많은 사람이 "그렇다면 나도 페미니스트"라고 말하기 시작했습니다. 개그맨 장동민 씨가 예능 프로그램에서 이야기한 "말하고 설치고 생각하는 여자는 질색"이라는 말은 여자들의 입을 다물게 하기는커녕 21세기 한국 페미니즘의 대표 슬로건으로 자리잡았습니다. 기억할지 모르겠습니다만 당시 김태훈 퇴출운동, 장동민 퇴출운동이 일어났습니다. 하지만 그들은 모두 지금도 자리를 잘 지키고 있습니다. 하지만 이 운동은 결코 실패하지 않았습니다. 공기처럼 퍼져 있던 여성혐오문화에 대한 문제제기, 여성에 대한 폭력에 저항하는 목소리는 계속 커질 것입니다.

마찬가지로 탁현민 씨는 계속 청와대에서 근무할지도 모릅니다. 그러든 말든 제 관심은 한 개인으로서 탁현민 씨가 아닙니다. 탁현민 씨가 몇 권에 걸쳐 책에서 쏟아냈던 "더러운 말(이 표현은 2017년 문제가 되었던 박근혜 대통령 풍자 누드화 〈더러운 잠〉을 패러디한 것입니다)"들은 아무런 문제제기 없이 지난 10년 동안 방치됐습니다. 하지만 그 말들이 얼마나 문제인지를 깨닫는 사람이 점점 늘어나고 있습니다. 저는 이것이 바로 민주주의라고 생각합니다. 성차별주의와 여성혐오가 범죄는 아니라고 말하는 사람들에게, 적어도 그런 말을 하는 건 부끄러운 일이며 변화할 책임이 있다고 말하는 것. 여기에서 우리 사회의 민주주의가 양보 없이 시작되어야 한다고 생각합니다. 없어져야 할 것은 성차별주의이지 페미니즘이 아닙니다.

이제 이야기를 마무리할까 합니다. 윤여정 씨는 광장의 미래가 '축제'이길 바란다고 했습니다. 서울시가 주최한 '서울이 민주주의다' 행사가 열린 2017년 7월 8일, 오늘 이 광장은 참여민주주의를 위한 축제 자리이죠. 2017년 7월 15일, 다음 주 이 자리에서는 퀴어퍼레이드가 개최됩니다. 문재인 정부가 선거 기간에 가장 먼저 내쳤던 성소수자의 축제가 바로 이 자리에서 열릴 겁니다.

저는 쉬운 민주주의는 없다고 생각합니다. 그건 누군가의 목소리를 지워버린, 가짜 민주주의입니다. 저마다 목소리를 가진 사람들을 독재정권처럼 없애버릴 수도 없으니까 민주주의가 어려운 거예요. 저는 이 정부가 민주주의를 계속 견지하기를, 그래서 계속 어려운 길을 가기를 응원하려고 합니다. 지난겨울 우리는 단지 정권을 교체한 것이 아니라 잃어버린 민주주의와 주권을 되찾은 거니까요. 페미니즘은 여성도 인간이라는 급진적 믿음입니다. 그 때문에 페미니즘 없이 민주주의 없고, 민주주의는 우리 모두를 위한 것이어야 합니다. 들어주셔서 감사합니다.

9 동성애자는 국민을 대표할 수 있는가

2008년 3월 3일, 커밍아웃한 레즈비언으로서 국회에 도전하겠다며 진보신당 연대회의 소속 최현숙 씨가 출마 선언을 했다. 이 출마 선언이 기사화되자마자 다음과 네이버 검색어 1위에 '커밍아웃 국회의원'이 등극했다. 멀리는 프랑스에서 파리 시장으로 당선된 베르트낭 들라노에, 가깝게는 일본 참의원에 출마한 오쓰지 가나코가 있다. 성소수자가 선출직 대표가 되는 건 이제 그리 놀랄 일은 아니다. 하지만 검색어 1위까지 차지할 정도로 많은 사람의 눈길을 끈 이유는 이 사건이 다름 아닌 한국 사회에서 현재진행형이기 때문이다. 레즈비언의 국회의원 출마가 우리 사회의 성숙을 보여주는 바로미터가 될지, 아니면 또 하나의 이색 후보 탄생으로 읽힐지는 아직 알 수 없다. 하지만 적어도 이를 통해 진보정당운동과 성정치의 만남에 대한 담론장이 열린 것만은 분명하다.

포함과 배제에 기반한 시민권 요구

1000개가 넘게 달린 댓글에서 이전에는 볼 수 없었던 새로운 질문이 눈에 띄었다. “레즈비언이 국민을 대표하는 국회의원이 될 수 있는가?” 진보신당 연대회의 게시판에서도 비슷한 질문이 제기되었다. “과연 레즈비언이 진보의 외연을 넓힐 수 있을까?” “대중은 이해할 것인가? 너무 특이해서 주목을 끌지 모르지만 그것은 일종의 선정주의 아닌가?”

‘레즈비언이 (이성애자인) 우리를 대표하다니! (이성애자인) 우리가 관용을 베풀어서 그들을 인정해줄 수야 있지만 대표한다니 그것이 가당키나 한 것인가?’라는 호들갑의 이면을 들여다보면 그동안 진보 혹은 민주 정치가 관용이라는 이름으로 은폐해온 것이 무엇인지를 알 수 있다.

누구나 그 ‘존재’로 인해 차별받아서는 안 된다는 근대 민주주의의 기획 아래, 지금까지 소수자의 정치학은 우리도 너희에게 포함해달라, 우리를 인정해달라는 형태로 이루어져왔다. 그런데 이러한 인정 요구는 몇 가지 내부 모순이 있다. 근대 민주주의 사회의 기본 원리는 이렇다. 첫째, 누구나 법 앞에 평등하다. 둘째, 누구나 정치적 권리를 가지고 사회와 계약을 맺을 수 있다. 셋째, 선거라는 형식을 통과하면 누구나 서로의 대표로서 발언할 수 있다. 하지만 마지막 조항, 선거라는 형식은 근본적으로 다수에 대한 설득을 전제한다. 민주주의 체제에서는 변화를 정당화할 만큼 다수를 설득할 때에만 소수가 룰을 바꿀 수 있는데, 문제는 소수라는 특수한 위치에 대한 강조로는 이러한 설득이 불가능하다는 것이다. 대의제 선거 제도하에서 권력의 구조를 바꾸기 위해서 특수한 것은 반드시 보편적인 것이 되어야 한다. 이것이 소수자 정치가 직면한 이중 과제이다.

1789년 프랑스혁명의 인권선언에서는 여성과 남성의 평등을 인정했으나, 여성참정권은 유보했다. 여성은 가족 내의 남편 혹은 아버지에게 종속된 존재이기 때문에 독립적인 개인의 정치적 권리를 행사하기에 부적합하다고 여기는 이른바 '혁명파'의 생각이 지배적이었기 때문이다. 선거권이 인정된 뒤에도 여성의 공직 선거 진출은 또 한 번 사회적 논쟁을 불러일으켰는데, 이때 논란의 핵심은 여성이 과연 여성이라는 정체성을 넘어서 남성까지도 대표할 수 있는지였다. 레즈비언이 국민을 대표할 수 있느냐는 질문은 지금까지 정체성을 인정해주는 인권 정치 안에서 사회적 소수자 문제를 풀어가려고 했던 기존 인권 혹은 문화 운동이 포함과 배제라는 틀을 유지한 채 '승인과 인정'을 요구해왔다는 한계를 그대로 보여준다.

이번에 안 되면 다음에 보완해서 수정하자는 법 제정과 개정 기획에서 다양성의 요구는 탈정치화되며, 권력관계에 대한 이해로부터 멀어진다. 호주제 문제만 해도 여성들은 해방 후 줄곧 폐지를 요구했지만 사회적 합의가 안 되었다는 이유로 폐지하는 데 꼬박 60년이 걸렸다. 2007년 말 노무현 정부는 법안 통과를 명목으로 차별금지법안에서 성적 지향·병력·출신 국가·언어·가족 형태·범죄 전력·학력 등 7개 조항을 삭제했다. 정부는 법의 통과를 위해서 우선 사회적 논란을 최소화하자고 주장했다. 이렇게 언젠가는

'사회적 합의'에 의해 포함될 테지만 아직은 어렵다는 '시기상조' 논리는 곧 누가 포함과 배제를 결정하는지, 차별이 어떤 경우에 정당화되는지 잘 보여준다. 즉 소수가 다수를 설득하기 위해서는 소수라는 위치를 은폐해야 하는 것이다. 이는 인권 보호와 평등이라는 큰 틀에 동의하면서 현실적이기도 한 태도로 보이지만, 사실은 가시화된 제도적 차원의 포함과 배제 원리를 다시 무의식의 차원으로 내려보내려는 의식적 노력으로서 실행된다. 당시 법무부 담당 관료는 삭제된 것이 아니라고 주장하며 '등'이라는 한 글자에 지워진 문구를 포함하여 해석할 수 있지 않겠냐고 되물었다.

비가시화, 오랜 차별의 결과

포함과 배제에 기반한 시민권 요구가 지닌 또 다른 한계는, 이러한 포함과 배제 과정에서 필연적으로 차이들이 은폐된다는 점이다. 이 차이들 또한 그냥 은폐되는 것이 아니라 차이를 가진 존재로서 고정되면서 은폐된다. 이러한 비가시화는 오랜 차별의 결과로서 흔히 드러나는 현상이다.

미국에서는 1969년 스톤월 항쟁 이후 레즈비언, 게이, 트랜스젠더, 양성애자 들의 인권운동이 조직되었다. 또한 1970~1980년대에 일어난 제2물결 페미니즘을 통해 기존 이성애 가족중심적 섹슈얼리티에 대한 대대적인 비판이 이뤄지고, 레즈비언-퀴어 소비공간이 도시에 자리잡고, 1990년대에는 군대와 결혼, 입양 등 공공 영역에서 성차별과 성정체성에 따른 제한을 해제하라는 집단적 압력이 조직화되는 역사적 변화가 일어났다. 그럼에도 퀴어 정체성이 공적 영역에서 드러나는 것은 여전히 쉽지 않았다. 2000년 클린턴 행정부는 보수 진영과 LGBT(Lesbian Gay Bisexual Transgender) 인권운동가가 상반된 압력을 행사하는 사이에서 군대에서의 동성애 차별에 대해 '묻지도 말고 말하지도 말라Don't tell, Don't ask'는 '벽장에 가두기Closeting' 정책을 취한다. 이런 문제에서 우파는 반대 입장을 취하고, 좌파는 찬성하면서도 그것이 공적으로 가시화되는 것은 어렵다고 생각한다.

서구와 달리 가족중심 문화가 더 강력하고 조직적인 저항운동의 경험이 일천한 한국과 타이완 같은 나라에서 성소수자는 더욱 비가시화된다. 한국과 타이완 등에서는 거의 사회적 커밍아웃을 하지 않는다. 타이완 학자인 류런펑과 딩나이페이는 "타이완에서는 고아만 커밍아웃을 할 수 있다"며 이는 가족중심 문화가 강력한 아시아권의 특징이라고 진단한다. 또 아시아 게이·레즈비언 문화의 특징은 동성 사이의 스킨십 등이 더 용인되는 상황에서 미국 등 서구 사회에 비해 숨어 지내는 것이 용이하다는 데 있다. 여자 둘이 손을 잡고 지나가도, 화장실에 같이 가도 별로 이상하지 않은 것이다. 그렇기 때문에 굳이 커밍아웃을 하면서 존재를 가시화하려는 것에 대해 커뮤니티 내의 거부감이 있기도 하다. 페미니스트 철학자 로지 브라이도티는 가시성visibility 자체가 권력이며, "응시란 모든 인식론적 지각의 바탕인 이성중심적 조직의 눈"이고, 이는 차이가 아니라 동일성을 향한 욕망으로 달려간다고 지적

한다.

그렇다면 가시성 자체가 권력의 틀 안에서 주조되어 있는 이 상황에서 가시화하기가 대체 어떻게 가능할 것인가? 차이를 중심으로 자신의 존재를 설명해냈던 정체성의 정치를 넘기 위해서는 정체성의 고정 불가능성에 대한 인식을 중심으로, 정체성을 존재론에 기반한 것이 아니라 인식론에 기반한 것으로 이동해야 한다. 주체의 '사회적 구성'이 가능하기 위해서는 반드시 자기-정의에 대한 사회적 인정이 수반되어야 하며, 정체성은 성별, 인종, 계급, 나이, 성적 선택 등 일련의 잠재적으로 모순적인 변수들이 만들어내는 과정에서 형성되는 이름이라는 것, 그래서 그것은 다중적이며 늘 혼란스러우며, 타자와의 끈을 요구한다는 점에서 관계적이라는 점을 인지해야 하는 것이다. 정체성이 형성되거나, 혹은 변화한다는 것은 나 혼자가 아니라 사람들 간의 관계를 통해서 그렇게 된다는 것이다. 따라서 이미 합법적이 된 합리성과 안정성 안에서 인정을 구하면서 자신의 일부를 억압할 것을 요구받는 근대적 주체로서가 아니라, 다양성을 외부가 아니라 내부로부터 인정하는 탈근대적 주체일 때 '민주주의'는 언제나 실패하는 것으로서가 아니라 실패하는 것이 당연한, 하지만 언제든 변화 가능한 장으로서 재고될 수 있다.

다시 처음으로 돌아가면 "과연 동성애자가 국민을 대표하는 국회의원이 될 수 있는가?"라는 질문을 만들어냈다는 것만으로도 이미 새로운 논쟁의 장이 열렸다고 할 수 있다. 동성애 인정을 묻는 해묵고 낡은 논쟁은 이제 동성애자의 시민적 대의성으로 확장된 것이다. 그리고 당연하게도 이런 질문은 그냥 '일반인'이었던 사람들을 '이성애자'로 커밍아웃시키면서, 이성애 중심 사회에서 동성애자를 이성애자가 대의하고 있던 상황을 명징하게 드러내기 시작했다. 그리고 차이들이 드러나기 시작한 순간, 우리는 누구도 서로를 '대신해서' 말할 수 없다는 것을 알았다. 그렇다면 다음 과제는? 대의제의 모순을 민주적으로 돌파해나갈 수 있는 방법은 차이를 만들어낸 사회적 조건에 대한 공동 책임을 인식하는 '연대'의 기획일 것이다.

'말하기'의 의미투쟁

제2물결 페미니즘이 일어난 1970년대 이후, 전 세계 여성해방운동가들은 여성에 대한 폭력에 맞서 싸워왔다. 이를 위해 가해자를 처벌하고 피해자를 지원하는 법제도를 만들었고, 개인의 심리적 문제부터 사회문화적 영역에 이르기까지 광범한 차원에서 근본적인 변화가 일어날 수 있도록 교육과 캠페인을 진행했다. 이 모든 저항의 시작은 언어적 틀을 새롭게 짜는 것이었다. 여성에 대한 폭력은 사회적으로 정상적인 행위로 인식됐기 때문에 이것이 폭력이라는 사실을 확실하게 깨달을 수 있도록 새로운 이름붙이기relabeling가 필요했다. 동등한 힘을 가진 두 성인 사이의 갈등처럼 보이는 '부부싸움'이라는 명칭 대신 분명하게 상황을 묘사하는 '아내 구타wife-battering'라는 이름을 쓰는 것, 낯선 사람에 의한 갑작스러운 성폭력만을 강간으로 인정하는 문화에 맞서 부부 강간 혹은 데이트 강간 등을 통칭해 '아는 사람에 의한 강간acquaintance rape'이라는 용어를 발명한 것 등은 이 같은 운동 전략으로부터 나온 결과였다.

성폭력이라는 언어를 통해 강간에 국한됐던 여성에 대한 성적 폭력을 광범위하게 재정의하면서 직장 내에서 일상적으로 여자 직원의 몸매를 평가하고 옷차림을 품평하는 일, 고객 혹은 상사가 여자 직원에게 업무지시를 빌미로 유흥업소 여종업원의 역할을 공공연하게 요구하는 일 등 여성에게 적대적이었던 성차별적 환경 등은 성희롱sexual harassment이라는 이름으로 다시 정의되었다. 또한 정조에 관한 죄였던 강간과 추행에 관한 형법 규정이 바뀌면서 강간은 비로소 (여성을 소유한) 남성의 권리에서 여성을 비롯한 모든 개인의 성적 권리를 침해한 문제로 재규정되었다.

하지만 법이 만들어진 이후에도 여전히 극히 일부 판결을 제외하고 법원은 성폭력에 대한 성차별적 통념에 의거해 판결을 내렸고, 성폭력 관련 신고율은 10퍼센트 내외에 머물고 있다. 피해자에 대한 사회적 통념은 쉽게 바뀌지 않았고, 피해자의 목소리는 들리지 않거나 주변화되었다. 특히 가해 용의자에 대한 판단을 주로 진행하는 법정에서는 피해자의 방어행동이 적절했는지, 즉 얼마나 확실히 거절하고 동의하지 않았는지에만 초점이 맞춰지면서 피해 경험은 법정의 언어에 맞게 축소되고 단순화되기도 했다.

2000년대 전후 법제정과 개별 사건에 대한 판결과는 별도로 대학가와 운동권 일각에서는 성폭력 사건의 가해자 실명을 공개하고 사건을 공개하는 운동이 벌어졌다. 이러한 운동 중 잘 알려진 것은 운동사회 성폭력 뿌리뽑기 100인 위원회 활동이다. 100인 위원회는 2000년부터 2003년까지 총 17건의 사건을 공개했는데 피해 당사자의 진술을 중심으로 사건 내용을 공개하고 가해자 징계, 조직의 처분, 공개사과 등을 요구하는 직접 행동에 나섰다. 그러나 이 과정에서 가해자에게 무고, 명예훼손 등으로 역고소를 당하면서 실명 공개를 중심으로 운동을 진행하는 것은 점점 어려워졌다. 100인 위원회 활동에 대해서는 여러 가지 평가가 있겠으나, 100인 위원회가 위와 같이 활동하며 연 첫 토론회의 제목이 "이제는 말하자"였다는 것은 기억해둘 만하다. 성폭력에 대한 재정의, 법제정운동, 가해자에 대한 직접 행동과 사건 공개 등으로 이어지는 활동의 흐름은 "아직도 말하기 어려운" 성폭력에 대한 사회적 현실을 보여줬다. 2003년에 한국성폭력상담소에서 주최한 성폭력생존자말하기대회는 이러한 흐름 속에 있는 행사였다. 우선 성폭력생존자말하기대회라는 이름 자체가 피해자라는 이름을 '생존자'로 재명명relabeling하는 작업의 하나였고, '말하기대회'라는 형식은 법정에서도 가해자의 역고소로부터도 자유로울 수 있는 말하기 장소로서 고안되었다. 그 때문에 성폭력생존자말하기대회는 당시 사회적 현실에서 조건적으로 선택된 것이었고, 사회적 현실 변화와 생존자들의 욕구에 따라 말하기 방식, 대상, 형태를 계속 바꿔왔다.

당사자의 목소리로 말한다는 것

여성주의에서 당사자의 말에 대한 관심은, 당사자가 배제된 해석에 반대하는 입장에서 시작한다. 페미니스트들은 "여자란 무엇인가"라는 질문을 던져놓고 그것을 수수께끼로 만드는 남성철학자와 그 수수께끼를 풀겠다고 덤비는 남성과학자의 언어 게임이 여성을 세계로부터 소외해왔다고 비판했고, 대안 중 하나로 배제된 자들의 목소리를 복원할 것을 제안했다.

한국의 초기 성폭력운동은 몇몇 생존자의 목소리가 직접 대중에게 전달되며 파급력이 커졌다. 어린 시절 옆집 아저씨에게 성폭력 피해를 입고 평생 후유증에 시달리다가 가해자를 찾아가 살해한 김씨는 법정에서 "나는 사람이 아니라 짐승을 죽였습니다"라고 진술했다. 생존자의 생생한 목소리가 사람들의 귀에 처음 들린 순간이었다. 하지만 김씨는 피해자가 아니라 살인자로 법정에 섰기 때문에 목소리를 낼 수 있었다. 피해자가 피해자로서 목소리를 낼 곳은 어디에도 마련되지 않았다. 피해자에 대한 강력한 이미지가 존재하는 상황에서 피해는 경험이 아니라 사건으로 존재하며, 사건의 중심은 가해자에게 맞춰진다. 피해자가 이야기하면 피해자로서의 말 외에 다른 말은 소거되기 일쑤다. (외부적 폭력으로 야기된) 피해를 중심으로 정체성이 구성되기 시작할 때, 한 개인의 입체적 역사는 극단적으로 축소된다.

이런 상황에서 오직 사건의 증인으로서만 호명되는 당사자의 말하기는 어떻게 가능한가. 이것은 여성의 경험을 듣자, 목소리를 복원하자는 원칙만으로는 해결할 수 없다. 자칫하다가는 피해 경험에 대한 사회적 이해는 확산되지 않은 채 피해 정도에 따라, 혹은 피해자가 처한 상황과 위치에 따라 피해자의 목소리를 위계화할 수도 있고, 피해자로서의 목소리만 남게 될 가능성도 크다. 피해자는 피해에 대해 어떤 말을 하고 싶어 하는가, 왜 하려 하는가, 타인은 왜 그 이야기를 들어야 하는가. 이 같은 억압 혹은 피해 경험을 어떻게 듣고 말해야 할 것인가.

스피크아웃 형식의 내재적 갈등

스피크아웃speak-out은 사건의 사회적 의미를 변화시키고, 피해에 대한 협소한 이해를 변화시키기 위해 '말하기대회'라는 형식으로 고안되었다. 지금까지 피해 경험의 목소리는 모자이크와 음성변조 뒤에서 고통을 호소하는 피해자의 존재가 '있다'는 것을 증명하고자 하는 프레임 안에서만 들렸다. 이런 방식의 말하기와 말하기 형식이 반복되면 아무리 많은 목소리가 있다고 해도 단지 피해자로만, 그것도 특정한 형태의 성폭력(특히 아동성폭력처럼 사람들이 감정적 동일시를 일으키고, 도덕적 분개를 하기 쉬운 성폭력) 피해에만 집중된다. 성폭력 사건 보도는 더욱 많아지고, 사회적 공분도 종종 일어나지만 성폭력에 대한 사회적 이해가 넓어졌다고 보기는 어렵다. 피해자의 다양한 목소리, 피해 당시의 모순적 감정, 강요와 동의의 이분법으로는 설명되지 않는 사회 규범의 젠더적 수행, 일상적으로 반복되는 성적 타자화 등의 문제에 우리 사회가 더 나은 이해를 하게 되었다고 생각하긴 어렵다. 그러므로 스피크아웃은 일부의 피해 경험이 과잉 대표되는 것을 막으면서, 피해자가 자신에게 일어난 사건을 해석하는 '과정' 중에 있다는 전제에서,

반드시 집단적으로 말해질 필요가 있었다.

스피크아웃의 또 다른 의미는 잊힌 기억을 복원한다는 점에 있다. 앞서 언급했듯이 1990년대 강간과 성희롱을 포함하고 성차별주의를 조건으로 한 성적 문제들이 성폭력으로 재정의되고 성폭력이라는 언어에 새로운 해석이 더해지면서, 그동안 묻어두었던 기억이 재해석되었다. 많은 이가 망각했던 성폭력을 기억해내기 시작했다. 성폭력이 1990년대 이후 '보편적인 여성 경험'이 된 데에는 이처럼 일상적으로 만연한 성적 폭력 장면에 대한 기억을 언어화할 수 있는 장치가 마련되었기 때문이다. 하지만 많은 경우 이 기억은 판단을 바탕으로 한 인식이 명제로 정리될 정도로 언어화되어 있지는 않다. 성폭력이라는 단어는 이제 많은 사람이 알게 되었으나, 성폭력에 대한 진리 담론은 여전히 모순된 담론들이 경합하고 있는 상태이다. 피해 당사자 역시 이러한 담론에 영향을 받기 때문에 기억이 떠오른 후에도 여전히 자신의 피해를 인정하기 어려워하거나 자신의 기억을 의심하기도 한다. 그 결과 기억은 났지만 이 기억을 언어적으로 재현하기 어려운 상태가 되기도 한다. 스피크아웃이 노래, 춤, 미술, 영상 등으로 비언어적 말하기를 시도한 이유는 잊혔던 기억을 복원하기에 이 방법이 더 유용하기 때문일 것이다.

말하기대회에서 '스피크아웃'이라는 형식을 통해 말을 걸려는 대상은 '세상'이다. 하지만 지금까지 말하기대회에서 말을 듣는 이들은 동질적인 경험을 했거나 공감할 준비가 된 사람들이었다. 그 결과 "우리끼리 말해서 뭐 해. 말을 정말로 들어야 할 사람은 여기 없는데"라는 식의 이야기가 참가자들에게서 종종 나온다. 이 모순은 한계이자 가능성으로 말하기대회에 내재되어 있다. 말하기 참가자는 공감할 준비가 되어 있는 혹은 공감하기로 '약속'한 청자를 향해 세상을 대하듯 화를 낼 수도 없고 자신의 피해 경험을 구체적으로 서술할 필요도 느끼지 못한다. 그 결과 말하기대회의 말은 주로 자기 자신과의 대화, 피해 이후 삶에서 느낀 감정이다. 이 말을 들을 때 약간 기이한 기분이 들기도 하는데, 이때의 언어는 단순한 경험 전달이나 자신의 경험적 진실을 보증하는 의사소통을 위한 매개로 쓰이지 않는다. 말하기대회의 언어는 여전히 완전히 해석되지도 이해되지도 않은 경험을 모순과 분열 속에 겪는 피해자 고통의 현재에 대한 말이다.

왜 타인의 고통에 공감하기 어려운가

인간은 타인에게 공감받고 싶어한다. 타인에게 공감받기 위해서는 타인이 공감하도록 자신이 겪는 상황을 전달할 수 있어야 한다. 그러한 전달이 필요하지 않은 영역은 인류가 오랫동안 반복적으로 경험해온 것들, 예를 들어 가까운 사람의 죽음, 재산 손실, 생명의 탄생, 수확, 성취 등 경험의 축적으로 인해 따로 설명할 필요가 없는 감정이다. 이러한 일반적인 경험이 아닌 경우 타인의 공감을 불러일으키려면 설득력 있는 '이야기'가 구성되어야 한다. 이야기는 실제로 경험하지 않은 일을 상상할 수 있게 하고, 상상을 통해 감정적 동일시가 만들어질 수 있다.

고통의 내용을 상상하기 어려운 상태에서 타인의 고통을 만났을 때 먼저 느끼는 감정은 연민, 동정, 공감이 아니라 그 상태로부터 분리되고자 하는 혐오, 공포, 두려움, 불안감이다. 특별히 훈련된 사람이 아니라면 인간은 대부분 신체절단이나 이와 유사한 일을 상상하는 것만으로도 고통을 느끼거나 두려워한다. 그러나 이러한 감정은 타인의 타자성을 인정한 상태에서의 공감이 아니라 일종의 정신적인 전이상태이며, 그 때문에 이런 전율은 아주 잠깐 나타났다 곧 잊힌다. 감정적 동일시만으로 공감이란 감정을 지속하기 어렵다. 공감과 연민은 '바로 당신'이 겪고 있는 고통을 '대신' 견뎌내는 편이 나을 것이라고 생각하는 감정으로부터 우러나오고, 그 고통을 견뎌내는 사람을 존경할 수 있을 때 촉발된다. 일반적이지 않은 고통에 대해 타인의 공감을 얻기 위해서는 고통에 대해 잘 설명하되 의연한 태도를 보여야 한다. '나라면 그렇게 못했을 것'이라는 감정으로부터 우러나오는 존경심을 통해 공감이 이루어진다. 그러나 이러한 인내와 의연함은 누구에게서나 찾을 수 있는 미덕이 아니다. "목소리 큰 사람이 이긴다" "호의가 계속되면 권리인 줄 안다" 등은 부정의하고 불평등한 사회에서 약자혐오를 정당화하는 언설로 자주 사용된다. 약자는 인내와 의연함을 통해 사회적 존경과 존중을 획득하기보다는 약자혐오를 경유하여 필요한 자원을 획득하게 될 가능성이 더 높다. 혐오가 아니라 존중을 받고 싶은 약자는 오히려 사회적 존중을 획득하고 도덕적 위치를 확보하기 위해 자신의 고통을 숨기는 데 능숙하다. 이것이 약자들 사이에서 자기혐오, 서로에 대한 혐오가 발생하는 이유이기도 하다. 약자의 고통에 대한 공감의 연대는 피해에 쉽게 '동일시'하거나 가해자를 쉽게 '타자화'하지 않을 때 가능하다. 어쩌면 이것이 담론과 이미지로 환원되지 않는 육체의 물질성을 눈앞에서 만나는 경험으로서 '말하기대회'라는 형식이 필요한 이유가 아닐까. 피해자의 의미투쟁 과정을 목격하는 경험으로서, 아직 명제화되지 않은 감정들을 꺼낼 수 있는 공간으로서 말이다.

메갈리아와 미러링 그리고 정치적 올바름에 대해

메갈리아(이하 '메갈')는 2015년 5월 메르스 사태 후 탄생했지만, 메갈에 대한 입장이 전방위로 요구된 때는 2016년 7월 티셔츠 사건 이후다. 티셔츠 사건을 (대단히 많은 맥락이 있지만) 아주 간단하게 정리하면 게임회사 넥슨에 고용된 한 성우가 "소녀에게 왕자는 필요 없다GIRLS Do Not Need A PRINCE"라는 문구가 새겨진 티셔츠를 입었는데, 그 이유로 유저들의 항의가 쇄도하자 계약을 종료당한 사건이다. '소녀에게 왕자는 필요 없다'니…. 처음엔 너무 시대에 뒤떨어졌다고 생각했다. 하지만 남성 유저들이 게임 속에 등장하는 소녀에게 빈유니 거유니 하는 설정값을 매겨가며 왕자님 놀이를 했다는 걸 알게 되니 이 문구의 현재적 의미가 비로소 이해됐다.

하지만 문제는 문구가 아니었다. 티셔츠를 구입한 행위 자체였다. 그 티셔츠는 '메갈리아4' 페이지를 삭제한 페이스북에 항의하기 위한 법정 소송 비용 모금을 목적으로 판매된 것이기 때문이다. 그러니까 '메갈을 옹호하냐 아니냐'가 논쟁의 중심이다. 메

같은 여자 일베에 불과한 또 다른 혐오세력이라고 보는 이들이 있고, 여성혐오 세상에 맞선 유일한 당사자 집단으로서 의미를 읽어내는 이들이 있다. 메갈의 전략인 미러링의 의미를 분석한 논문만 벌써 열 편 이상 나왔다. 미러링의 의미와 효과, 한계 등에 대한 분석 작업은 지금도 진행 중이다. 이 글에서 나는 "미러링이 정치적으로 올바른가"라는 질문을 역사적으로 되묻고자 했다. 즉 메갈에 결여됐다고 말하는 '정치적 올바름'이란 대체 무엇이며, 무엇이 정치적 올바름을 결정하는가?

'정치적 올바름'의 조건

이런 이야기는 나중에 해야 할지도 모르겠지만, 메갈이 극단적인 페미니즘이라고 하도 욕을 먹으니 지난 시절에 대한 고백을 해야겠다는 생각이 든다. 기억을 더듬어보면, 1990년대 영페미니스트는 종종 정치적으로 올바르지 않았다. 이성애에 대한 미러링으로 "개돼지만도 못한 헤테로"라는 농담을 즐겨한 적도 있고, 결혼을 원하는 남자친구에게 출산하지 않겠다는 걸 약속하는 의미에서 "정관수술을 하라"고 했다며 자랑스러워한 적도 있고, "고추말리기"라는 제목의 페미니스트 노래를 만들어 부르기도 했다. 대학교 전체에 여성의 보지를 형상화한 작품을 빨래 널 듯 전시한 적도 있고, 남성 중심 사회가 선호하는 미인이 되려면 죽기보다 힘들다는 메시지를 전할 요량으로 학교 나무에 미인대회 복장을 한 귀신 마네킹을 매달기도 했다. 법망을 피해간 강간범의 차에 스프레이를 뿌리거나, 동네에 출몰하는 성기노출 공격범을 잡기 위해 가짜 현상수배를 걸어 공권력을 사칭한 적도 있다.

우리는 과격했고, 극단적이었고, 종종 정치적으로 올바르지 않았다. 하지만 이런 활동이 반달리즘이나 남성혐오라고 취급당한 적은 없다. 그보다는 오히려 우리가 하는 이야기에 귀 기울여주는 사회가 있었다는, 그런 감각이 남아 있다. 새로운 그룹이 등장했다고 주목해주고, 재미있어하기도 하고 불편해하기도 하고 긴장하기도 했던 그런 분위기 말이다.

영페미니스트들은 우리 사회의 오래된 습관에 대해 도발적인 질문을 가진 세력으로 이해됐고, 말의 구체적인 본새를 따져 묻기보다는 문제제기의 맥락이 더 중시됐고, 그러한 조건 속에서 정치적 올바름이라는 감각을 서로 만들어가는 순간들이 있었다. 문제제기를 통해 메시지를 전달하고, 더 나은 사회를 만들 수 있다고 설득하면 무엇인가가 바뀔 거라는 생각이 들던 시기였다. 1990년대 영페미니스트의 활동은 대체로 "정치적으로 올바른 문제제기"라고 이해됐다. 당시 우리가 한 말이나 행동이 온건하고 윤리적이었기 때문이 아니라 정치적 올바름을 '맥락적으로' 이해하고자 했고, 앞으로 지켜가야 할 가치지향이라고 생각하는 '사회'가 있었기 때문이다.

혐오의 배경

하지만 IMF가 터졌다. 고개 숙인 아버지가 연일 구제금융 시대의 대표적 슬픈 자화상으로 등장하여 모든 동정심이 집중되던 바로 그때, 유통업과 금융업에서 일하던 30만 명의 여성이 정리해고 됐다. 노동시장 유연화의 타격을 가장 먼저 받은 것도 취업전선에 막 뛰어든 여성이었다. 이 모든 게 법제도적인 차원에서 성차별과 젠더 기반 폭력이 금지되고, 고용평등과 성주류화가 국가적 의제로 채택된 직후 생긴 일이었다. 1998년 8월에는 자본가와 정규직 남성노동자가 공모해 식당 여성노동자를 집단 해고하는 일이 발생했다. 이는 우연적이고 단발적인 사건이 아니었다. 시장에서는 법망을 피해 고용 형태를 바꿔가며 노골적으로 여성을 차별했다. 하지만 시장 규제는 거의 불가능했고, 여학생들은 민간기업에서 더욱 거세지는 성차별을 피해 9급·7급 공무원 시험으로 몰려갔다. 1998년 5월 순천 철도 기능직 시험의 합격선은 100.5점이었다. 군가산점을 받지 않는 한 여성은 시험에서 만점을 받아도 합격할 수 없었다. 이에 이화여대 여자 대학생 5명, 연세대 장애인 남자 대학생 1명이 공무담임권 위반으로 군가산점 위헌소송을 했고, 1999년 12월 헌법재판소에서 군가산점 제도를 위헌이라고 판결했다. 이후 모두 알다시피 15년이 넘도록 인터넷에서 매일같이 젠더 전쟁이 벌어지고 있다.

2000년대 중반 이후 인터넷에 여초 커뮤니티가 본격적으로 등장한다. 여초 커뮤니티는 폐쇄적으로 운영된 경향이 있는데, 일부 남성이 여초 커뮤니티 게시물을 무단으로 남초 커뮤니티에 가져가 여성혐오를 정당화하는 근거로 사용하곤 했기 때문이다. 남성의 시선을 의식하지 않고 말하는 즐거움을 안 여성들은 남성이 몰래 가입하는 것을 막기 위해 더 많은 방어벽을 만들었다. 하지만 남성의 공간에 그런 방어벽은 필요 없었다. 알아서 침묵해주거나, 아니면 맥락에 맞게 놀 줄 알면 그만이었을 것이다.

미러링과 아카이빙, 이데올로기에서 담론으로

하지만 메갈이 등장하면서 남초 커뮤니티의 안온함은 사라졌다. 메갈의 무기는 여성혐오 발화들을 수집해서 상연하고 그것을 고스란히 되돌려주는 미러링에만 있지 않다. 여성혐오 발화를 수집해놓는 '아카이빙archiving' 또한 대단히 위협적이다. 아카이빙은 굳이 혐오 발화를 수행하지 않아도 효과적으로 여성혐오 발화를 줄일 수 있는 전략이었다. 남초 커뮤니티에서 이루어진 여성혐오 발화를 박제하여 다른 사람과 돌려보는 것만으로도 여성혐오 담론이 생산해내는 진리효과는 반감되기 때문이다. 발화된 말의 사회적 의미를 재구성하고, 맥락상 새로운 의미를 만들어내고, 이런 과정을 쾌락으로 향유하는 데 매우 익숙한 메갈들을 "너희들은 메퇘지"라고 부르며 혐오 대상으로 삼아봤자, 이들은 산속을 뛰어다니는 귀여운 새끼 멧돼지떼 사진을 가져와 함께 키득거리는 것으로 응수한다.

메갈은 이데올로기로서 여성혐오를 작동하게 만드는 구조적 권력을 그들의 호명에 응하지 않음으로써 효과적으로 무화했고, 여성혐오 발화를 금지하거나 사과하라고 요청하기보다는 아카이빙과 미러링을 통해 여성혐오 발화의 위치를 이동했다. 이로써 메갈은 여성혐오를 이데올로기가 아니라 담론 투쟁의 영역으로 가져오는 데 성공했다. 나는 이 점이 무엇보다 중요하다고 생각한다. 인터넷에 광범하게 퍼져 있는 여성혐오 현상은 성차별주의라는 신념을 일관되게 실천하는 주체들에 의해서가 아니라, 자신을 역차별의 피해자라고 생각하는 이들에 의해 주로 생산됐기 때문이다.

즉 여성혐오의 기저에 깔린 이데올로기가 성차별주의였다면 성평등주의를 통해 문제를 해결할 수 있을 것이고, 차별금지 혹은 처벌을 통해 우리 사회가 정치적으로 더 올바른 길로 나아가자고 설득할 수 있었을 것이다. 하지만 여성혐오가 일종의 담론적 실천이라면 이러한 발화들을 사라지게 하기 위해서는 발화 자체가 아니라 그러한 발화가 가능한 조건과 맥락을 변화시켜야 한다. 미러링과 아카이빙처럼 원래 맥락을 비틀고 분리해 새로운 의미를 창출하는 '상황주의situationism'적 전략은 여성혐오의 조건을 변화시킨다. "된장녀라고 말하지 마, 김치녀는 없어"라고 '정치적으로 올바르게' 말해봤자, 정치적 올바름 따위를 아무도 신경 쓰지 않는 세상에서 이 주장이 먹힐 리 만무하다. 정치적 올바름을 내세울수록 더 많은 '○○녀'가 등장했고, 마음의 성역이라고 생각되는 어린 소녀마저 로린이(로리타+어린이)라는 이름의 이미지로 양각됐고, 드디어 맘충마저 등장한 판이었다.

여성혐오자들은 자신들이 된장녀, 김치녀 여성을 혐오하는 이유는 자신들을 무시하는 여성들에게 대항할 수 있는 방법이 그것뿐이라고 생각하기 때문이다. 이들은 심지어 성차별주의가 나쁘다고도 생각하지만 지금 차별받는 것은 오히려 남성이라고 믿는다. 이들은 여성혐오를 이데올로기적 실천이라기보다는 신자유주의적 주체로서 호명된 여성 소비자들이 조야해진 남성의 위치를 조롱하고 평가하는 것에 대항하는 행동이라고 인식하고 실행한다.

다시 말해 여성혐오는 개별 여성의 행동을 단죄하거나 평가하는 현상으로서 확산됐을 뿐, 일관된 이데올로기적 태도로서 추구된 것은 아니었다. 소라넷 몰카, 리벤지 포르노, 데이트폭력 등의 범죄 사실들이 하나씩 드러나고 있음에도, 여자가 자신을 무시했다는 이유로 폭행하고 살해하는 사건이 계속 일어나고 있음에도 남성이 역차별당한다는 의식은 좀처럼 사라지지 않았다. 지금도 그렇다. 그러니 여성혐오와 싸우는 이들에게 정치적 올바름은 무기라기보다는 족쇄에 가깝다. 전략으로서 정치적 올바름은 이미 실패를 거듭해왔다. 사회가 전혀 정치적으로 올바르지 않기 때문이다. 우리는 정치적 올바름이 전략으로서 아무런 쓸모가 없는 세상에서 살고 있다. 그것이 메갈리아의 거울이 비춘 세상이다.

페미니즘 실천은 웃어주지 않는 것에서부터

여자 연예인은 친절하지 않았다거나, 애교를 거부했다거나, 심지어 집들이 음식을 충분히 장만하지 않았다는 이유로도 논란이 된다. 믿을 수 없게도 예능 프로그램에 나온 여자 아이돌이 무표정 단답형으로 대답했다는 게 뉴스가 되는 세상이다. 또 다른 여자 아이돌은 팬 사인회에서 안경으로 위장한 몰래카메라를 잡아냈는데, 이 행동에 대해 일부 남성은 몰래카메라 적발이 문제가 아니라 '정색'을 한 게 문제였다며 댓글을 달았다.

웃음은 여자의 의무?

웃어주지 않는 여자에 대한 불만은 비단 연예인에게만 한정되지 않는다. 여성 노동의 기본 조건에 감정노동과 외모 관리가 포함돼 있다고 주장하는 사람이 많다. 한 성희롱 예방교육 강사가 화장을 하지 않고 하이힐을 신지 않았다는 이유로 회사 측에서 강사료를 20퍼센트 삭감했다. 수강생을 무시했다는 이유였다.

판매 서비스직에 종사하는 감정노동자의 대부분은 여성이고,

이 여성들은 항상 미소를 띠고 고객을 응대하도록 교육받는다. 그러나 미소를 짓고, 친절한 목소리를 유지한다고 해서 승진이 되는 건 아니다. 콜센터 근무 8년차인 A씨는 여성이 남성보다 더 친절하게 응대하기 때문에 오히려 승진이 안 된다고 했다. 회사에서는 남자 사원들이 진상 고객 상담 전화에 대한 인내심이 더 적을 거라고 생각해서 상담 전화를 받지 않는 매니저로 더 빨리 승진시켜준다는 것이다. 웃음은 일하는 여자의 '의무'가 됐다. 하지만 의무이므로 이에 따른 보상은 주어지지 않는다. 대신 웃어주지 않는 여자는 그 자체로 논란이 되어 사실상 '처벌'을 받는다. 남성 사회는 웃어주지 않는 여자를 왜 이렇게까지 싫어하는 걸까.

남성 사회는 여자를 사물로 취급하거나 비인간화하기도 하지만, 많은 경우 미소와 친절 같은 적극적인 동의를 요구한다. 여성학자 김은실은 이에 대해 "많은 남성 지식인은 여성의 문제제기가 공동체를 각박하게 만들고 해체시킨다고 생각한다. 공동체를 지키기 위해서는 공동체 대표/남성의 명예와 욕망을 어느 정도 수용해주는 것이 필요하며, 그러기 위해서는 여성들의 '허용'과 '이해'가 있어야 한다."고 분석한다.[1] 김은실의 지적대로 많은 여자가 때로는 공동체를 지키고 공동체를 대표하는 남성의 행동에 대해 문제제기하지 않는다는 걸 증명하기 위해 억지로라도 웃는다.

모 기업에서는 공식 행사에서 회장이 성희롱 발언을 했다가 물의를 빚은 적이 있는데, 이후 회장의 발언 수위가 조절된 것이 아니라 중간관리자가 돌아다니며 여자 신입 사원들에게 웃으라고 명령했다고 한다. 분명히 다른 여자들은 자신의 똑같은 농담에 웃었다며, 이제 와서 그게 왜 문제가 되는지 이해할 수 없다고 호소하는 부장님이 많다. 이들은 문제를 제기한 이가 유별날 뿐 다른 여자들은 분명 웃어줬다며 자신에게는 아무 문제가 없다고 억울해한다. 이제 와서 말하지만, 당신의 농담은 사실 웃기지 않았다.

2011년 사진작가 그레이스 브라운은 성폭력, 가정폭력, 아동학대 피해자와 함께 〈언브레이커블 프로젝트〉라는 사진 전시를 기획했다. 피해자는 가해자가 한 말을 종이에 적어 두 손으로 들고 자신의 얼굴과 가해자의 말이 같이 나오도록 사진을 찍었다. 이 작업에 참여한 피해자들은 가해자에게 욕설이나 위협보다는 이런 말을 훨씬 많이 들었다. “닥치고 좋아하는 척해”, “너도 이걸 원하는 걸 알아”, “걱정 마, 너도 좋아하게 될 거야”, “난 네가 저항할 때가 좋더라.” 등등. 그중 가장 많이 나온 표현은 “사랑해”였다.

웃음에 집착하는 이유

여자의 웃음을 의무로 생각하는 남성 사회의 집착을 어떻게 설명할 수 있을까? 작금의 상황은 젠더 기반 폭력을 설명해온 여성의 ‘성적 대상화sexual objectification’와 ‘사물화objectify’라는 문제의식을 초과하는 부분이 있다. 지금까지 성폭력이 어떤 해악을 미치는지에 대한 설명 방식은 다음과 같았다. 성폭력은 피해자를 ‘성적 대상’으로 만들며, 이는 인간을 성적인 대상이 될 수 있는 상품이나 물건으로 만드는 ‘비인간화’ 과정의 하나이므로 존엄성을 해친다는 것이다. 그러나 성적 대상화라는 개념을 인간 이하로 취급하거나 사물로 격하한다는 의미로 바로 치환해 사용하는 것은 오히려 인간 간의 성적 상호작용과 협상과정 중에 일어나는 권력과 폭력의 문제를 이해하기 어렵게 한다.

2017년 유력 대선 후보였던 자유한국당 홍준표는 젊은 시절 친구들과 여자에게 '돼지발정제'를 먹이려 한 일을 자서전에 무용담처럼 쓴 게 알려져 공개 토론 때 보이콧을 당했다. 공소시효가 지났을 뿐 엄연한 성범죄자라는 사실을 스스로 자백한 그는 785만 표를 얻어 무려 2위를 차지했다. 그의 지지자들 사이에서는 이는 한때의 치기 어린 실수이며 그 나이 또래의 한국 남성들에게 흔히 있는 일이었다는 '증언'이 속출했다. 한국 사회의 참담한 젠더의식을 보여주는 사건이 아닐 수 없다.

이 사건에 대한 남초 커뮤니티의 반응을 관찰한 결과 새롭게 알게 된 사실 하나는 이 약에 대해 이미 아는 이들이 꽤 많고, 관련 정보 역시 오랫동안 축적돼왔다는 점이었다. 요힘빈yohimbine이라는 이 물질은 최음제를 대체할 수 있다고 '잘못' 알려져 있는데(실제로는 억제제라고 한다) 이 약이 유독 남성들의 큰 관심을 끌었던 이유는 여성을 성적으로 흥분시켜 '자발적'으로 성교에 임하도록 할 수 있다는 환상을 전파하기 때문이다.

여성의 웃음과 애교를 의무로 요구하는 사회는 여자를 무기력한 대상으로 만들거나 사물이 되길 원하기보다는 옷차림, 화장, 얼굴 표정 등을 점점 자세하게 지시하는 방식으로 여자를 괴롭힌다. 사물화이자 비인간화 과정으로서의 성적 대상화라는 개념으로는 이러한 성적 대상의 적극적 '반응'에 대한 집착을 설명하기 어렵다.

적극적인 반응에 대한 구체적 요구

성적 대상화는 성애적 관계를 나누는 연인 관계에서 문제 삼기 어려운 개념이다. 무성애자가 아니라면 상대를 성적인 존재로서 의식하는지가 연인 관계의 핵심이라고 생각하는 사람도 많다. 칸트는 성적 상호작용을 나누는 연인 관계에서 성적 대상화는 필연이라고 봤고, 나아가 다른 사람의 탐욕 대상이 된 개인은 하나의 사물에 불과하며, 성적 존재로서 개인은 사물화를 특징으로 하는 시장의 역동성에 지배당한다고 주장했다.

칸트가 성적 대상화와 사물화의 연결고리를 강하게 주장하며 금욕주의로까지 나아갔다면, 철학자 마사 누스바움은 어떤 성적 대상화는 윤리적으로 정당화될 수 있다고 보았다. 즉 연인의 엉덩이에 집착하는 등 부분적인 탐닉이 이뤄지거나 왕성한 성적 욕구로 성적 대상으로서 존재 규정이 둘 사이에 압도적인 시간을 차지한다고 해도, 상대가 신체적인 독립성을 가진 자율적이고 통합적인 개인이라는 사실이라는 점이 둘의 관계에서 분명하다면 이것을 성적 침해나 지배라고 볼 수는 없다는 것이다.

다시 말해 칸트는 성적 대상화 자체가 사물화를 필연적으로 동반하므로 자율성을 침해한다고 봤고, 누스바움은 동의에 기반한 관계에서 자율성이 보장된다면 성적 대상화의 윤리적 문제는 해결된다고 생각한다.[2] 그러나 이런 주장들은 동의와 자율성이라는 개념에 지나친 특권을 준다. 우리의 현실에 편재돼 있는 성적 차이의 젠더화된 체계가 실천되는 방식은 성적 대상이 되는 데 동의했는지, 성적 대상이 된다는 것 자체가 인간성을 포기한 것인지 여부보다 훨씬 복잡하다.

현재 우리 문화는 여성의 몸은 남성의 성욕과 관련해 유용한 것이라는 생각에 침윤돼 있다. 이런 상황에서 연인 사이에서의 성적 대상화가 당연하거나 필연적이라는 생각은 역사적으로 지속돼 온 이성애 남성 중심적인 성욕의 '해소'라는 관념을 벗어나기 어렵게 만든다.

성욕은 반드시 해소돼야 한다거나, 성관계에 동의했다면 성적 대상화는 필연이라거나 하는 말들은 이 관계 내부에서 권력이 작동되고 서로의 욕구가 길항하는 방식을 보지 못하게 한다. 그렇다고 사실은 진정한 동의가 아니었다며 지금까지 관계에서 당사자로서 참여해온 모든 행위성을 부정하고 관계성을 삭제하는 것은 오히려 몸의 통합성 부인, 피해자의 피해자화라는 자기 소외로 이어지기 쉽다. 새로운 모험과 시도, 망설임, 그리고 어떤 것을 감수해보는 것, 그럼에도 결과적으로 실패한 것 등 성적 상호작용을 나누는 관계에는 많은 감정이 떠다닌다.

우리는 성적 대상으로서 상대가 '자신이 원하는 방식으로 반응하기'를 원한다. 자신에게 욕을 해달라고 하거나, 어떤 옷을 입어달라고 하거나, 어떤 말을 해달라는 경우도 있다. 어떤 사람은 불편하게 생각할지 몰라도 이런 일들은 연인 사이의 상호 동의와 존중 속에서 일어날 수 있는 성적 상호작용이기도 하다.

누스바움은 주체성과 수동성을 지나치게 단순 대립시켜 수동성을 항상 수치스럽도록 간주하는 문화를 비판한다. 병리적 나르시시스트는 수동성을 받아들이길 거부하고, 남성적 힘과 상처받지 않음을 지나치리 만큼 소중하게 여긴다. 하지만 존엄성이란 '무엇인가를 행동할 수 있는 역량'만이 아니라 '무엇인가를 필요로 하는 수동성'에도 있다.[3]

주체성을 좋은 것, 수동성을 나쁜 것으로 이항대립적으로 두는 것은 주체성을 능동성으로 잘못 이해하기 때문이기도 하다. 주체성subjectivity이란 능동이나 수동의 형식이 아니라, 세계와 타자와의 관계 속에서 '나'라는 실존적 감각을 가지고 자유로운 존재로 실천할 수 있는 가능성을 뜻한다. 문제는 성적 대상화나 사물화, 수동성이나 능동성, 동의 여부 등이 아니라 매우 단순하고도 직관적이게도 '일방적'이라는 데 있다.

차이가 사라지고 남은 욕망

앞서 말한 연인 사이의 다양한 성적 상호작용이 폭력으로, 지배/피지배 관계로 변화하는 순간은 상대가 성적 '대상'이 된 순간이나 '수동적'인 순간, '사물'처럼 취급받는 순간이 아니라 오직 지배자가 원하는 방식으로만 행동하기를 요구하고 그가 정해준 한도 내에서만 욕망하고 행동하고 선택하도록 할 때다.

“나한테는 네가 필요해”라는 말은 수동성의 고백이기도 하고, 때에 따라 감동적인 사랑 고백이 될 수도 있다. 하지만 나의 필요를 위해 너는 항상 내가 원하는 시간과 장소에 원하는 방식으로 있어야 한다고 생각한다면 그때부터 폭력이 발생한다. 이때 지배자는 상대를 자신의 욕망에 적합하게 파생되고 변환된 존재인 것처럼 취급하며, 지배자의 욕망을 초과한 행동·말·존재는 가능하지 않다.

이렇게 상대를 자신의 욕망을 비추는 거울로, 자신의 욕망을 담을 수 있는 유도체derivative로 취급할 때 해악이 발생한다. 성적 대상화라는 개념 대신 유도체화derivatization라는 개념을 제안한 앤 카힐은 이 개념이 행위성을 드러내면서도 지배의 본질을 드러내는 데 유용하다고 봤다. 유도체화란 화합물의 구조를 조금씩 바꿔서 합성하는 것을 말하는데, 보통 기본 골격을 유지하면서 작용기를 바꾸며 원하는 성질의 화합물을 찾아내는 방식이다. 카힐이 성적 상호작용을 유도체화라는 개념을 통해 설명하는 이유는 대상-사물화가 이뤄졌는지 여부보다는 요구의 일방(향)성이 관계의 폭력성을 보여주기에 적합하다고 생각했기 때문이다. 즉 성적 대상화 이후에 벌어지는 상호작용 과정에서 나와 대상 간의 차이가 사라지고 한 사람의 욕망만이 동일자의 형식으로 남아 있게 되는 문제 말이다.[4]

이러한 해악에 가담하지 않으려면 어떻게 해야 할까? 바로 타인의 타자성을 타자화하지 않는 것으로 가능하다. 나는 네가 아니다. 너는 내가 아니다. 타자의 욕망이 나와 같지 않고 같은 내용도 형식도 아닐 수 있다는 것, 심지어 나의 상상의 범위를 넘어서는 차이일 수도 있다는 생각과 태도를 가지는 것이다. 이는 호기심, 놀라움 그리고 겸손을 필요로 한다. 뤼스 이리가레는 동일성으로 환원되지 않고 차이를 환대하는 사랑의 관계를 이렇게 표현한다. "너는 나에게 환원되지 않는다. 단지, 나는 너에게 존재한다I am to you. 우리는 서로에게 대체물이 아니다."[5]

더는 웃어주지 않는 여자들

다시 웃음의 문제로 돌아가자. 많은 여성은 부정적인 감정을 부인하도록 체계적인 훈련을 받아왔다. 그래서 웃어야 하지 않을 때도 웃는 경향이 있다. 엘렌 스노틀랜드는 쫓아오는 술 취한 남자를 피하려는 여학생이 "징그러워, 싫어, 무시하자"라고 말하면서도 키득거리는데, 이런 키득거림은 진짜 웃음이 아니라 두려움의 표현이라고 쓴 바 있다.

많은 페미니스트는 여자가 사람들의 기대와 달리 웃어주지 않는 것부터 페미니스트로서 실천을 시작할 수 있다고 말해왔다. 슐라미스 파이어스톤은 "스마일 보이콧"을 주장했고, 사라 아메드는 흥을 깨는 "페미니스트 킬조이"에 대해 언급했다. 지나가는 여성에게 휘파람을 불며 자신의 성적 감흥을 전달하는 행동을 "캣콜링catcalling"이라고 하는데, 들리지 않는 척 지나가거나 전혀 즐겁지 않은데도 웃어주는 일을 더는 하지 않겠다고 선언한 미국의 영페미니스트 그룹에서는 길거리에 "No Catcall Zone" 포스터를 붙이고, "Cats Against Catcall"이라고 새겨진 티셔츠와 배지를 제작하기도 했다.

한국에서도 뉴페미니스트 그룹이 웃지 않는 여학생을 형상화한 배지를 만들었고, 한국여성민우회는 "안 웃겨요" 포스트잇 액션을 하고 있다. 한국 최초 페미니스트 저널 〈이프〉의 슬로건은 '웃자 뒤집자 놀자'였다. 혹시나 오해가 있을까 봐 말해두면, 페미니스트의 "웃어주지 않기" 캠페인은 기본적으로 웃음을 머금고 있는 기획이다.

내가 세상에서 제일 좋아하는 것은 '진짜 웃음'이 오가는 가운데 서로를 웃기고 웃는 일이다. 사람들은 페미니스트가 너무 피곤하고 예민하며 엄숙하기만 하다고 생각한다. 하지만 내가 아는 페미니스트들은 엄청 웃기고 잘 웃는 사람들이다. '웃어주지 않는 여자'를 논란거리로 만드는 사회에 저항하는 방법은? 생각보다 간단하다. 웃지 않는 여자를 응원하면서 웃는 것. 그리고 기막히게 웃기는 여자를 찾아내는 것이다.

백래시 시대를 사는 법

어디선가 번역이 되고 있다는 소문이 들려오던 책들이 페미니즘의 신부흥기를 맞아 2017년 한국어판으로 눈앞에 도착했다. 수전 팔루디의 《백래시Backlash》(원서 1991년 출간)와 앨리스 에콜스의 《나쁜 여자 전성시대Daring to be bad》(원서 1989년 출간)도 그 반열에 놓인 책이다. 수전 팔루디의 책은 미국의 1980년대를, 앨리스 에콜스의 책은 미국의 1967년부터 1975년을 다룬다. 이 글은 두 책에 대한 것이기도 하지만 둘 사이의 5~6년 공백에 대한 내용이기도 하다. 그 빈틈 사이로 급진 페미니즘은 쇠락하고 페미니즘에 대한 반격이 거세졌다. 어떤 일이 벌어졌던 걸까.

잘못 알려진 페미니즘, 알려져야 하는 논쟁

이 글은 그 공백을 생각하면서 썼다. 글을 쓰면서 그 빈틈을 생각하는 방식에 따라 페미니즘 역사 서술도 페미니즘 현재에 대한 진단도 달라졌다. 두 책은 현대 페미니즘이 처해 있는 위치를 이해하는 데 큰 도움을 준다. 팔루디는 반격의 '배경'을 두루 살핀다. 그가 비판하고자 하는 대상은 뉴라이트의 수장 제리 폴웰 목사부터 현대 미국 여성운동의 핵심 지도자 베티 프리단에 이르기까지 전방위적이다. 미국 여성의 삶을 다시 끌어내리거나 이 상태에서 멈추려고 하는 모든 태도에 단호하게 반대하는, 저널리스트의 결기가 가득 차 있는 책이다. 비판의 범위가 넓은 만큼 개별 사건에 대한 서술은 종종 불분명하거나 편향적이라는 약점이 있다.

반면 에콜스의 관심은 '내부'의 차이를 보다 분명하게 드러내는 데 있다. 에콜스는 문화 페미니즘 반대와 급진 페미니즘 재고라는 분명한 목적으로 글을 썼다. 팔루디의 불명확함은 종종 에콜스에 의해 보충되고, 에콜스가 전개하는 구체적인 상황에 대한 기록은 팔루디가 서술한 백래시의 시대에 대한 이해를 넓혀준다. 이는 글을 쓴 필자들의 위치 때문이기도 하다. 팔루디는 당대의 백래시에 뜨겁게 응답하는 페미니스트 저널리스트로서, 에콜스는 급진 페미니즘의 일원이자 아카데미에서 훈련받은 전문연구자로서 썼다. (그런 의미에서 정말 우리에게는 글 쓰는 여자가 더 많이 필요하다.) 이 차이는 두 저자가 공통적으로 서술하는 현대 여성운동사의 주요 장면을 비교해보면 명확하게 드러난다.

두 저자에 따르면 1968년 미스 아메리카 대회 반대 시위에 쏟아진 관심은 '예외적'이었다. 이 시위는 미스 아메리카 대회 반대 시위자들의 '불타는 브래지어' 이미지와 함께 현대 페미니즘 운동의 대표적인 장면으로 인용되고 있다. 이는 미디어의 편향된 관심과 뉴스거리를 만들어내고자 한 활동가들의 과욕이 낳은 결과였다. 팔루디는 이 사건 자체가 당대 페미니즘에 대한 미디어의 선정적인 관심이 만들어낸 가짜 뉴스에 가까웠다고 본다. 1960년대 중후반 부상한 페미니즘을 유행처럼 생각한 미디어가 조작한 허상이었다는 것이다. 그리고 이 미디어는 1970년대가 되자 페미니즘은 이미 한물갔다고 보고, 자신들이 만들어낸 '브래지어 화형식'이미지를 다시 도마 위에 올려 이 같은 급진 페미니즘의 행위가 이 미국의 중산층 여성들을 소외했다며 공격하기 시작했다.

팔루디가 일자리, 동일임금, 대학개혁 등 당대 페미니스트의 관심사는 다양했다며 이 사건의 과잉 재현과 해석을 기각하는 방식("당시 브래지어를 불태운 사람은 아무도 없었다")으로 서술한 반면, 에콜스의 기록은 좀 더 상세하다("브래지어를 소각하지 않은 건 사실이지만, 대회장을 난장판으로 만드는 데는 성공했다"). 당시 미스 아메리카 대회장 앞에 모인 100여 명의 여성해방론자는 자정까지 피켓을 들고 연극을 하면서, 끝까지 남자 기자와 인터뷰를 거부했다. 신문사에서 제대로 역할을 부여받지 못한 여자 기자를 끌어내려는 의도였다. 시위대는 살아 있는 양에 미스 아메리카 왕관을 씌우고 '여성을 고문하는 기구들'이라는 명칭을 붙인 물건들(하이힐부터 〈플레이보이〉지까지)을 자유의 쓰레기통에 던지는 퍼포먼스를 벌였다. 시위대 중 일부는 대회장에 입장하는 데 성공해, 전 미스 아메리카가 고별인사를 읽는 뒤편에서 "여성 해방"과 "미스 아메리카는 이제 그만"이라는 플래카드를 펼쳤다. 문제는 그다음이었다. 이 시위로 인해 뉴욕 급진 여성의 친여성 페미니스트와 좌파

운동권 사이의 긴장은 첨예한 갈등으로 분출된다. 당시 시위를 이끌었던 로빈 모건은 이후 위치witch라는 여성 행동 그룹을 조직해서 반자본을 외치는 좌파적 목소리를 높였다. 반면 캐롤 해니쉬를 비롯한 친여성 그룹은 자신들의 시위가 참가자 여성에 대한 공격으로 비춰진 것을 우려했다. 실제로 모건이 작성한 시위 10개조에는 주최 측이 아니라 참가자를 짐승과 노예로 비유하고 조롱하는 문구가 있었다. 친여성 그룹은 시위대가 양에 왕관을 씌운 행위는 결국 참가 여성을 모욕하는 일이라고 비판했고, 급진 페미니즘 운동은 운동권 '내부용어in-talk'(한국식으로는 '운동권식 줄임말')를 버리고 여성 대중에게 다가가야 한다고 주장했다.

이렇게 '불타는 브래지어'는 당대 페미니스트들 간의 입장 차이와 논쟁을 응축해서 보여준다. 대중운동으로서 여성운동을 어떻게 할 것인가. 미디어의 선정적이고 편향적인 관심과 거리를 둘 것인가, 아니면 적극적으로 이용할 것인가. 좌파와의 관계를 어떻게 설정할 것인가. 개인적인 것이 정치적인 것이라면, 정치적인 것은 개인적인 것인가. 조직을 중심에 놓고 권위를 위계적으로 배분하는 운동방식이 남성적이라면, 여성적인 조직은 무엇이며 그것을 통해 해방이라는 목표를 이룰 수 있을까. 이런 질문들 말이다.

반격의 핵심, 언어적 재전유

앞선 질문 중 어떤 것도 지금 한국 사회에 그대로 적용되지는 않는다. 하지만 《백래시》의 한국어판을 읽은 독자는 "수십 년 전 미국에서 일어난 일에 기시감을 느꼈다"며 《백래시》에서 한국 사회의 모습을 손쉽게 찾아볼 수 있었다고 한다. 이것은 일차적으로 한국 페미니즘의 역사가 제대로 기록되지 않고, 사회적으로 그 경험이 전승되지 않기 때문일 것이다. 하지만 논쟁의 틀이 좀처럼 바뀌지 않기 때문에 반격의 내용 역시 크게 다르지 않은 것도 사실이다. 특히 페미니즘에 대한 논쟁에는 '여성은 누구이며, 여성을 해방시킬 수 있는 개념과 전략은 무엇인가'를 둘러싼 '언어/프레임 전쟁'이 수반된다. 이것이 독자가 《백래시》을 읽고 시공간을 넘어 기시감을 느낀 이유일 터이다.

언어라는 점에 주목해보자면, 1980년대 미국에서 벌어진 페미니즘에 대한 대대적인 반격의 수뇌부였던 뉴라이트 남성이 우선 언어를 장악하는 전략을 사용했다는 점에 주목할 필요가 있다. 상대방이 무기로 내세운 개념과 의미를 재정의하는 것, 권력의 경계를 이동하는 데 이보다 더 효율적인 전략은 없다. 뉴라이트는 낙태권에 직접 맞서기보다 "생명 친화적"이라는 표현을 사용하고, 여성의 대대적인 직업 시장 진출에 직접적인 적개심을 표현하는 대신 "모성 친화적"이라는 표현을 썼으며, 성차별을 통해 자신들이 누려온 특권을 유지하기 위해 "가족 친화적"이라는 표현을 고안했다. 1980년 대선 이후 이들은 스스로를 표현하는 수식어를 안티페미니즘에서 "가족 친화적 운동을 선도하고 있는"으로 바꾸었다. 이런 식의 언어적 전유는 안티페미니즘 세력을 규합하는 데 유용했을 뿐만 아니라 페미니즘 운동 내부의 분열을 즉각적으로 초래했다.

언어적 재전유와 가족으로 회귀라는 당시 미국 상황은 최근 한국에서 일어나는 일과 겹쳐진다. 한국에서는 기독교 우파가 동성애 반대를 내세우며 성주류화 페미니즘의 언어를 재전유하고 있다. 이들은 'gender equality'의 번역어로 '혼용'하여 사용하던 '양성평등'과 '성평등'이라는 단어를 완전히 다른 뜻으로 개념화한다. 이들은 "'양성평등sexual equality'은 생물학적 성性으로 남성과 여성 간의 평등한 결혼생활을 뜻하지만, '성평등gender equality'은 남녀라는 '이분법적 구분'을 철폐하고 제3의 다양하고 유동적인 '사회적 성'을 창설하며 개인에게 자신의 성을 선택하고 변경할 수 있는 권리와 모든 성gender의 평등성을 인정하는 제도적 개념"이라고 주장한다. 일단 'sexual equality'라는 말은 어디에도 존재하지 않는다. 그럼에도 이들은 "양성평등 Yes, 성평등 No, 젠더 Out"을 외치며 가족을 해체하는 페미니즘에 반대하는 집회를 열고 있다.[1]

반격은 페미니즘 언어의 급진적 힘이 점차 약화되어간 틈에 부상했다. 한국에서도 여성부가 여성가족부로 개명되고, 저출산과 일-가족 양립 담론이 국가 주도 페미니즘의 핵심 과제가 되는 등 담론이 이른바 '정상가족'을 만들 권리로 후퇴한 것이 오늘날 고스란히 반격의 빈틈이 되어 되돌아왔다.

정치적인 것은 개인적인 것인가

성, 사랑, 결혼, 재생산 전반에 걸친 급진적 변화를 요구했던 급진 페미니즘은 어째서 그렇게 급격하게 쇠퇴한 걸까. 에콜스에 따르면 1970년대에 이성애 제도는 위기에 봉착했다. 급진 페미니즘은 "유례없을 정도로 남자들에게 감정적 헌신과 정절을 요구하거나 성적 분리주의 그리고/또는 독신주의를 신봉"했다.

여자들은 연애뿐만 아니라 혼인관계에서도 동등한 관계를 요구했지만, 남자들은 이것이 자신들이 그동안 혼인관계를 통해 얻을 수 있던 특권을 포기하는 일이라고 생각했다. 남자들이 그동안 결혼에서 누리던 특권을 결혼 바깥에서 누릴 수 있는 방식으로 옮겨가면서, 아이러니하게도 결혼을 지키는 것 자체가 다시 중요한 문제가 되었다. 여성 대중의 현재적 목소리에 귀를 기울이는 데 관심을 가졌던 일부 급진 페미니즘 담론은 성적 자유 또는 성을 남자의 무책임성, 여성혐오, 폭력 등에 연관 짓는 강한 유형의 성적 보수주의와도 손을 잡았다. 섹스 자체가 이미 구제불능으로 남성 중심적이고 여성 착취적이 되었다고 본 것이다.

그 결과 1980년대 레이건 정부 시절 페미니즘에 대한 반격은 "페미니즘은 여자로부터 남자에게 사랑받을 권리, 가족과 함께 행복을 누릴 권리조차 빼앗아갔다"는 식으로 이루어졌다. 레이건 정부의 대변인은 미국 여성 인구의 지위에 대한 정책연설에서 후퇴 중인 급진 페미니즘을 언급하며 페미니즘을 '여성용 구속복'이라고 선언했다. 페미니즘에 대한 전방위적 반격에 직간접적인 영향을 받은 여성들은 "길을 잃었다"는 기분에 휩싸였다. 1988년 뮤지컬 〈하이디 연대기〉의 주인공 하이디 홀랜드의 대사는 1980년대 미국 여성들의 정서를 대변하는 문장이 되었다. "길을 잃은 기분이야. 전에는 길을 잃은 기분에 휩싸이지 않는 게 중요하다고 생각했는데."

팔루디가 한 일은 길을 잃은 기분을 가진 당대의 여성들에게 다시 용기를 불어넣으려는 것이다. 팔루디는 반격에서 내세우는 주장 대부분이 근거가 희박하다는 점을 성공적으로 폭로했다. 하지만 이것으로는 충분하지 않았다. 에콜스는 이러한 쇠퇴의 원인 중 하나로 급진 페미니즘이 문화 페미니즘으로 선회한 것을 들었다. 1975년부터 본격화된 문화 페미니즘은 여성해방운동을 남성 우월주의에 반대하는 문제에서 벗어나, '남성적' 가치를 몰아내고 '여성적' 가치를 양성하는 여성의 반문화counter-culture를 창조하고자 했다. 에이드리언 리치의 말을 재인용하자면, 이런 여성전용 공간은 가부장제에 맞서 싸우는 게 아니라 '회피하기 위한 것 자체가 목적'인 '이주의 장소'가 됐다. 이는 당시 급진 페미니즘 운동이 사회 변혁보다는 개인 변혁에 초점을 맞추기 시작한 것과 관련된다. '개인적인 것이 정치적인 것'이라는 구호의 의미를 한 개인의 삶이 어떤 추상적인 정치적 올바름의 기준에 부합해야 한다는 규범적 뜻으로 개조하는 데 몰두한 것이다. 심지어 머리 길이, 문신, 화장, 성형, 혼인 여부, 성적 취향, 옷 입는 스타일 등이 모두 개인의 급진성을 판단하는 기준이 되었다. 개인이 삶을 더 나은 것으로 만들기 위한 선택은 모두 정치적 올바름의 기준을 통과해야만 했다.

하지만 몇몇 소수 페미니스트가 그런 선택을 하는 데 성공했다는 것이 여성해방의 목표 성취가 될 리는 없었다. 개인적인 것이 정치적인 것이라는 급진 페미니즘의 핵심 슬로건은 점점 집단적 행위의 힘, 공동의 목소리를 조직해내는 문제가 아닌 대안적 생활방식을 개인이 선택하는 문제로 바뀐다. 그리하여 에콜스는 다시 묻는다. "개인적인 것이 정치적이라면, 정치적인 것은 개인적인가?" '정치적인 것'의 의미가 이미 몫을 가진 자 사이의 공정한 배분으로 축소된 이러한 자리바꿈에 대한 경고는 한국 사회에서 새겨들을 부분이다. 정치를 개인의 권리로만 생각하는 이들은 자격을 제한하고 무임승차자를 골라내는 일에 몰두한다. 이는 해방적이지도 급진적이지도 않고 단지 규범적일 뿐이다. 이미 만들어진 모든 규범을 의심하고 이에 도전하는 것이 페미니즘 정치학의 핵심 정신이라는 것을 잊지 말자. 백래시는 아직 제대로 오지 않았다. 싸움은 이제부터 시작이다.

9 어떤 과잉과 강박들
—인터넷, 포르노, 남성섹슈얼리티

"재벌3세와 연예인들의 변×섹×유출본" "획기적인 남성확대 프로그램을 소개합니다" "실제 삽입장면만 보여드립니다!!" "영계보지 오늘도 진경이는 보지를 벌립니다." "하루 300원 변태섹스/자위 셀프카메라/여대생 몰카" "리얼 쌕쑈… 일본 제복녀 접수" "보지 연구실 아저씨~! 어제 제 보지에 모 하신거죠?"

한국에서 무료 이메일을 쓰는 사람이라면 이미 짐작했겠지만, 이 문구들은 지난 3주간 쓰지 않는 메일함에 쌓인 스팸메일의 제목을 모은 것이다. 한국에서 만들어진 포르노사이트는 2004년 기준 8만 8000여 개라는 보도가 있었다. 이 포르노사이트에 가입한 성별 비율은 6 대 4로, 남성이 많지만 여성의 수도 만만치 않다. 하지만 여성 고객의 나이가 대부분 40대 이상이니 엄마의 주민등록번호를 도용한 아이들이 가입했다고 봐도 무방하지 않을까 싶다. 그러나 강의실에서 만난 꽤 많은 여학생이 포르노 사이트의 유료고객이었다고 고백한 것을 돌아보면, 인터넷을 통한 포르노 대중화는 그동안 포르노가 남성만의 문화를 통해 유통되던 시대에 비해 양성평등의 차원에서 진보했다는 궤변이 설득력 있게 들리기도 한다. 불법촬영을 통한 디지털성폭력 문제가 사회적으로 환기되기 이전까지만 해도 범죄 동영상을 별 문제의식 없이 관람하곤 했다는 여성도 상당수 있었다. 이들은 포르노에서 재현되는 과장된 섹스 장면이 불편해서 이른바 '유출 영상'으로 불리는 영상을 보았다고 고백하기도 했다. 보는 것만으로도 문제가 된다는 생각은 미처 못하다가, 나중에야 자신 역시 그런 유출 영상의 당사자가 될 수도 있다는 걸 깨닫고 "끊었다"고 말하는 학생도 있었다.

그런 점에서 디지털성범죄의 대안으로 포르노 합법화를 주장하는 이들은 문제를 제대로 인식하지 못하고 있다. 기존 포르노의 문법이 너무나 불쾌하고 낡았고 성차별적이고 성기중심적이기 때문에, 그래서 결국 충분히 섹시하지도 판타지를 자극할 만한 상상력도 없는 상황에서 포르노는 과연 무엇의 대안이 될 수 있단 말인가? 인터넷을 통해 퍼지고 있는 성적 과잉과 충동에 대한 신화는 견고한 남성 중심주의, 성기 중심주의, 이성애 중심주의에 둘러싸여 있다. 현재 포르노의 재현 방식은 전혀 진보하지 않았을 뿐만 아니라 오히려 자극의 수위를 더욱 높이기 위해 이전보다 격렬하고 선정적인 방식으로 여체를 전시하고 남성성의 과잉을 찬미한다. 저 스팸메일들의 제목을 다시 살펴보자. 남성에게는 성기를 확대하는 것만이 고민인 것처럼 보인다. 여성의 보지는 나이에 따라 가격이 달리 매겨지며, 여대생과 제복녀는 사회적 신분과 무관하게 오직 성적인 코드로만 읽힌다. 다른 어떤 성적 친밀감보다 성기 삽입이 가장 강도 높은 자극으로 전시되는 것은 물론이다.

친밀성에 대한 남성의 공포

스팸메일에 나타난 여성은 인격체가 아니라 성적으로 파편화되고 대상화된 존재일 뿐이다. 그녀는 딸이나 어머니, 아내 등 우리 주변에 있는 여성이 아닌 것처럼 묘사된다. 오직 교성을 지르는 구체관절 인형이거나, 남성의 페니스를 받아들일 수 있는 보지를 가진 존재로 격하된다. 남성 중심적인 포르노는 그곳에 등장하는 여성에게 인격적 공감을 할 수 없도록 하는 데 많은 공을 들인다. 인격적 공감을 할 수 없어야 대상에 대한 즉물적 쾌락에 집중할 수 있기 때문이다. 앤서니 기든스는 현대사회에서 친밀성의 구조변동이 일어나고 있으며, 친밀성에 대한 남성과 여성의 다른 태도가 친밀성의 위기를 낳았다고 분석한다. 보살핌이 여성의 의무로만 인식되는 사회에서 여성들이 더는 일방적인 보살핌 노동을 거부할 때, 남성들의 악몽이 시작된다는 것이다. 기든스는 남성 섹슈얼리티가 공격적이고 폭력적으로 드러나는 이유는 여성과의 관계에서 친밀성이라는 위협을 제거하기 위해서라고 본다. 기든스는 포르노물의 폭발적 증가에 대해 이렇게 분석한다. "이는 낮은 감정과 높은 강도의 섹스에 집중하는 것이 유행하는 세태와 형태상 밀접히 병행한다. 이성애적 포르노그래피는 여성들의 공모를 뚜렷이 물화하는 표준화된 장면과 포즈에 대해 강박적 관심을 드러내고 있다. 소프트 포르노 잡지에 실린 여성의 이미지들은 욕망의 대상이지 결코 사랑의 대상이 아니"[1]라는 것이다. 그는 이것을 에피소드적 섹슈얼리티라고 명명한다. 에피소드적 섹슈얼리티란 성애의 연속적이고 관계적인 속성을 거부한다. 이때 섹스는 상호관계에서 이루어지는 것이 아니라 오직 기계적인 일회성 흥분과 사정만을 제공하는 것으로 묘사되고 이해된다. 그리고 이렇게 섹스가 단절된 일회성 이벤트로 이해될 때 그것은 가격을 매기고 셀 수 있는, 물화되고 소비되는 '재화'로 만들어낼 수 있다. 섹스는 사람마다 다르게 경험되고, 사람 사이에 존재하는 것이 아니라 궁극적으로 표준화됨으로써 동일한 경험이 된다. 그 표준화는 이성애-남성-성기의 활동 중심으로 구성되며 남성 간의 차이는 특정 신체 부위에 대한 취향 차이 혹은 특정 체위에 대한 선호도 차이 등 오직 물화된 형태만 승인된다.

이런 에피소드적 섹슈얼리티는 친밀성에 대한 남성의 공포를 중화하며 성을 욕망이나 쾌락과 관계된 것이 아니라 남성적 능력과 권력을 증명하는 것으로 전환해버린다. 그 극단적인 예가 성착취에 기반한 성매매이다.

가장 음란하지 않은, 오로지 폭력적인

포르노에서 볼 수 있는 남성 섹슈얼리티의 또 다른 특징은 남성의 욕망조차 철저하게 배제된다는 점이다. 강의실에서 여학생과 남학생을 나누고, "섹스가 좋은 이유 혹은 싫은 이유"에 대해 토론해보라고 한 적이 있다. 남학생들은 이내 곤란한 표정으로 토론을 진행하지 못했는데 이유를 물었더니 "한 번도 섹스를 좋고 싫음의 문제로 생각한 적이 없었다"고 답했다. 남학생들에게 섹스는 싫은 것이 될 수 없거나 싫어서는 안 되는 문제였으며, 오직 "잘하고 못하고의 문제"로만 여겨왔다는 것이다. 문제는 섹스를 잘하는 걸 곧 성기 크기와 발기 지속으로 치환해왔다는 데 있다. 기든스를 다시 인용하자면 이렇다. "포르노에서 여성의 황홀경은 결코 의심되지 않는다. 그러나 이런 이야기들의 주안점은 여성의 성적 쾌락의 원천과 본성을 이해하거나 추체험하려는 것이 아니며, 오히려 그것을 길들이고 고립화하려는 데 모든 초점을 맞추고 있다. 사건들은 여성의 반응이라는 관점에서 묘사되지만, 그런 방식으로 여성의 욕망을 남성의 그것과 꼭 같이 에피소드적으로 만들어 버린다. 그럼으로써 남자들은 여자들이 무엇을 원하며 여성의 욕망에는 어떻게 대처해야 하는지에 대해 그들 자신의 관점에서 알게 되는 것이다."[2]

실제로 여성의 신체를 욕망의 대상으로 놓고 여성의 과장된 반응을 통해 욕망을 충족하는 포르노에서 남자 배우의 얼굴은 욕망의 고양을 표현하는 연기자가 아니라 흡사 일에 몰두한 노동자처럼 보인다. 성애적 쾌락은 다른 사람에게 들키고 싶지 않았던 부분을 드러낼 수 있는 관계를 맺고, 자신의 몸이 상대와 만났을 때 어떻게 반응하는지를 새롭게 알아가는 과정이기도 하다. 당연히 상대에 따라 몸은 다르게 반응하며 질 좋은 관계일수록 섹스 횟수와 시간에 집착하지 않는다. 하지만 지금의 포르노는 성기의 크기를 중심으로 강박적으로 힘을 과시하는 남성과 힘에 굴종한 여성의 과장된 반응을 반복해서 보여주는 데에만 골몰한다. 그 결과 포르노는 가장 음란하지 않은, 오로지 폭력적이기만 한 것이 되어가고 있다. 그러니 문제는 음란이 아니라 폭력이다. 포르노는 '음란하기 때문에 문제'인 것이 아니라 '모든 음란한 것을 폭력과 동일한 것으로 만들고 있기 때문'에 문제다.

화학적 거세? 아무것도 거세하지 못한다

'성폭력범죄자의 성충동 약물치료에 관한 법률'이 제정되어 오는 2011년 7월 24일부터 시행된다. 일명 '화학적 거세법'이라 불리는 이 법은 2008년 한나라당 박민식 의원이 발의했지만 인권 침해 소지가 크다는 이유로 심의 대상이 되지 않았다. 그러나 2010년 6월 초등학생을 납치해서 성폭행한 김수철 사건[1]이 계기가 되어 상임위에 오른 지 하루 만에 국회를 통과했다. 테스토스테론 분비를 막는 약물을 투여하여 성욕을 감퇴시키는 '화학적 거세'는 효과가 검증되지 않았고, 인권 침해 소지가 높으며, 심리치료 등 다른 방안에 대한 검토가 병행되어야 한다는 등 문제점이 많다고 알려졌다. 하지만 당장 눈앞에서 벌어지는 "괴물과 같은" 아동 대상 성범죄자에 대한 특단의 대책을 요구하는 성난 여론을 등에 업고 유례없이 빠른 속도로 법제화에 성공했다.

그러나 화학적 거세로 인해 성범죄가 감소할 것이라고 기대하기는 어렵다.[2] 아동 성범죄는 '낯선 괴물'에 의해 일어나기보다는 73퍼센트가 아는 관계에서 이루어지고, 그중 38퍼센트는 친인

척 등 주로 가족 안에서 이루어진다. 아동뿐 아니라 성폭력 범죄 대부분이 그렇다. 73퍼센트라는 이 비율은 성폭력이 낯선 이에 의해 벌어지기보다는 가족, 친척, 교사, 지인 등 신뢰 관계에 있는 사람에 의해 저질러지는 걸 보여준다. 우리 사회는 아직 아동을 대상으로 한 성범죄가 어느 정도 심각한지에 대해 제대로 된 통계조차 가지고 있지 못하다. 성범죄 피해를 입는 아이가 우리가 생각하는 것보다 훨씬 많을 것이다. 한국의 경우 피해 정도가 심각한 강간 및 강간 미수조차도 신고율이 7.1퍼센트에 불과하다.[3] 성폭력 신고율이 56퍼센트인 미국에서는 18세 이하 아동·청소년 중 여자는 12~28퍼센트, 남자는 3~6퍼센트 정도가 성범죄 피해를 입는 것으로 보고 있다.[4]

우리가 생각하는 것보다 아동 성범죄는 가까이 있고 일상적으로 일어난다. 그러나 논의 대부분은 이러한 광범한 피해에 대한 대책을 마련하기보다는 극히 일부 가해자를 병리화하고 더욱 가혹한 처벌을 고안하는 데 관심을 둔다. '화학적 거세'의 대상자들은 이미 유죄 판결이 확정된 이들이며, 전체 성범죄자의 0.2퍼센트[5]에 해당할 뿐이다. 그러나 아동 대상 성폭력에 사회적 공분이 모이고 관심이 집중될 때마다 관련 대책은 실제 현실을 무시하고, 여론은 자신이 믿고 싶은 대로 현상을 왜곡한다. '화학적 거세' 는 아동 성범죄에 대한 오래된 인지적 오류를 바탕으로 만들어진 대표적인 법안이라 할 것이다.

화학적 거세, 가장 저렴한 정책 대안

사람들은 분명 극악무도한 범죄자 몇 명이 전자발찌를 45년 동안 차거나 그들을 화학적 거세한다고 해서 아동 대상 성범죄가 없어지지 않는다는 걸 알고 있다. 그럼에도 이런 법안은 마치 근본적이고 획기적인 특단의 대책인 것처럼 보인다. 왜 이러한 인지 부조화가 계속 일어나는 것일까.

아동 성범죄 문제를 해결하기 위해서는 아동 복지시스템을 전면적으로 개선해야 한다. 한국의 아동복지 예산은 OECD 국가 중 최하위이다. 성범죄 예방을 위해서 지금까지 우리가 한 일은 가정과 학교에서 아이에게 낯선 사람을 경계하라고 교육을 한 것뿐이다. 그러나 다시 한 번 강조하자면 아동 대상 성범죄 가해자의 절대 다수는 가족과 친인척 그리고 10대 청소년이다. 이상적으로 들리겠지만 아동대상 성범죄를 줄이기 위해서는 구체적인 상황에 대처할 수 있는 능력을 키우고 성에 대한 개방적인 태도와 더불어 자신의 성적 권리를 인지하게 만드는 교육이 필요하다. 그뿐만 아니라 부모와 교사의 권위를 존중하는 것이 착한 학생이라는 식의 교육을 넘어, 부모·교사·학생이 서로 기대하는 역할이 무엇인지를 토론과 합의를 통해 도출하고, 경쟁 위주의 교육제도를 손질하고, 인성교육을 제대로 실시해야 한다. 그래야만 교사나 부모가 부적절한 행동을 할 때 어떻게 대처해야 하는지 알 수 있고, 약자가 되지 않기 위해 강자에 가담하는 가학적인 행동이 줄어들 수 있다. 실제 사건이 발생했을 때 상담할 수 있도록 하는 제도적 장치가 마련되어야 함은 물론이다.

하지만 이렇게 예산이 많이 드는 정책은 아무리 근본적이고 예방적인 조치로서 효과가 입증되었다고 해도 환영받지 못한다. 화학적 거세 법안 시행 첫해에 드는 비용은 9억 원인 반면, 전국 초등학교에 상담교사를 상시적으로 배치하고 성교육을 보다 실효성 있게 실시하기 위해서는 상담교사를 300명만 배치한다 해도 시행 첫해에 최소 63억 원이 소요된다. 화학적 거세 방안은 근본적 대책이라기보다는 손쉬운 방책일 뿐이다. 참고로 덴마크, 스위스, 프랑스, 독일 등 화학적 거세를 도입한다고 알려진 대표적 '선진국'의 아동 복지 지출 비용은 우리와 비교가 되지 않는다. 각국의 아동 1인당 월간 복지비는 프랑스 2162달러, 독일 1707달러, 영국 913달러, 스웨덴 3961달러인 반면, 한국은 고작 40달러에 불과하다. 그나마 참여정부에서 0.2퍼센트였던 아동복지 예산은 이명박 정부 들어 0.1퍼센트로 삭감되었다. 이명박 정부가 책정한 예산으로는 연간 9억 원이 소요되는 '화학적 거세' 말고는 할 수 있는 게 없었던 셈이다.[6]

결코 충족될 수 없는 복수심

하지만 '화학적 거세' 조치를 취하게 된 정치경제적 배경을 비판한다 해도 화학적 거세를 통해 실제로 사람들의 복수심과 피해자의 분노가 해결된다면 그것만으로도 의미가 있다. 사람들이 처벌 강화 법안에 찬성하는 것은 관련 사건을 접했을 때 느끼는 참담함과 무력감에서 조금이라도 벗어나고 싶기 때문은 아닐까. 나 역시 0.2퍼센트이건 0.0001퍼센트이건 간에 가해자가 저지른 범죄 때문에 앞으로도 오랜 시간 고통받을 피해자를 생각하면, 그리고 그런 피해자가 또 생길 수 있다는 가능성을 고려한다면 강력한 처벌이 필요하다는 생각이 들기도 한다. 만약 성범죄자가 반성의 기미조차 보이지 않는다면 분노 지수는 더욱 높아진다. 어차피 애초에 인간이기를 포기한 자이므로 인권의 범주에서 생각하는 것 자체가 아이러니한 일이라는 생각이 들 정도다. 하지만 가해자에 대한 복수나 응징으로서 화학적 거세는 결코 성공하지 못한다. 본인이 거세를 원하지 않는 데 강제로 화학적 거세를 실시한 경우 대부분 재발방지에 실패한다고 알려져 있다.

1980년대 초반 미국 버지니아주에서 '스키마스크 강간범'으로 악명을 떨쳤던 조셉 F. 스미스는 화학적 거세요법이 얼마나 끔찍하게 실패할 수 있는지를 보여주는 대표인 사례이다. 상습적 성범죄자였던 그는 화학적 거세를 받고 치료에 성공했다고 널리 알려졌다. 그러나 1987년, 버지니아주 경찰은 그와 범행수법이 유사한 사건이 계속 발생하고 있음을 알게 된다. 그의 행적을 예의 주시하던 경찰은 결국 1998년 범인의 덜미를 잡는다. 당시 다섯 살 딸의 몸에서 그의 DNA가 발견된 것이 결정적 증거였다. 그는 친딸을 성폭행한 혐의로 재수감되었고, 호르몬 투여 이후에 저지른 40여 건의 여죄를 자백했다. 1995년 240여 명의 소년과 소녀를 추행한 텍사스의 학교 버스 운전자 래리 돈 맥케이가 2005년 가석

방을 받는 조건으로 화학적 거세를 받아야 하는지 여부를 두고 논쟁이 벌어지자, 조셉 F. 스미스는 이렇게 말했다. “그를 거세한다고 해도, 그에게는 여전히 아이들을 강간할 수 있는 뇌와 손이 있다”라고.

관련 전문가들은 화학적 거세와 같은 약물치료는 본인이 더는 범행을 하지 않겠다는 의지가 확고한 경우 그 의지를 돕기 위한 보조적 조치라고 강조한다. 실제로 유아 대상 성범죄는 손가락이나 이물질 삽입 등 남성 성기의 발기 문제와는 무관한 방식으로 이루어진다. 상습적 아동 성범죄자가 자기 머릿속에 살고 있다고 주장하는 그 ‘괴물’은 테스토스테론을 억제하는 화학물질을 주입해서 사라지는 게 아니다. 어떤 생물학과 유전학도 호르몬이 모든 것을 결정한다고 이야기하지 않는다. 영장류 인류학자 세라 블래퍼 허디에 따르면 호르몬은 행위의 반경과 범위를 정해줄 뿐 어떤 행동을 할지를 결정하고 선택하는 데 관여하는 건 아니다. 그러므로 반성이나 후회 없는 인면수심 범죄자들이 스스로 선택하고 결정하지 않은 강제적인 화학적 거세는 소용이 없다. 따라서 그들을 거세한다고 해도 피해자의 ‘복수심’이 충족될 리 만무하다.

가해자에 대한 낙인은 없다

화학적 거세를 비판하는 이들은 이 법안이 명백하게 인권 침해적인 소지가 있다고 주장한다. 나는 이 법안이 헌법의 기본권을 침해한다는 주장에는 기본적으로 동의하지만, 이런 주장을 들을 때마다 묘한 위화감을 느낀다. 당연한 말이지만 아동 성범죄자는 모든 사회적 위치에서의 가해자는 아니다. 당연히 그가 유죄판결을 받고 감옥에 들어간 이후에는 부당한 인권 침해가 허용되어서는 안 된다.

가해자 인권 침해는 가해자에 대한 사회적 낙인이 강력하게 작동할 때 가능하다. 미국과 북유럽에서 아동 성범죄자는 '소아성애자'라는 낙인이 찍히기 때문에 지역 사회에서 아동 성범죄자는 인권 침해 문제를 심각하게 겪는다. 성범죄자를 이웃으로 받아들일 수 없다는 시위대를 집 앞에서 보고, 수영장에 출입하지 못하며, 어디에도 취직할 수 없다며 '두 번째 기회'를 달라고 호소하는 아동 성범죄자에게는 '사회적 관용'이 필요하다고 생각한다.

그러나 한국은 상황이 다르다. 한국에서 아동 성범죄자를 '소아성애자'로 병리화하는 경우는 거의 없다. 놀라울 정도로 없다. 몇 년 전 미국에서 인류학을 공부하는 친구가 한국의 청소년 성매매 관련 연구를 하고 있는데 자료를 찾기 어렵다고 도움을 청했다. 어떤 키워드로 검색했는지 물으니, 'pedophilia(소아성애)'로 찾았다 했다. 나는 원조 교제나 가출로 찾아보라고 간단히 답신을 쓰다가 한국에서는 아동 성범죄자가 "소아성애자"라는 범주로 불리는 일이 좀처럼 없다는 걸 깨달았다. 청소년 성매매를 소아성애 문제로 보는 것과 10대 여성들의 가출 등 일탈 행동의 문제로 보는 것은 엄청나게 다른 결과를 낳을 것이다. 하지만 한국에서 성범죄는 여전히 피해자의 행실을 문제삼고, 어리고 젊은 여자에 대한 남성들의 강력한 성충동 자체가 문제되는 일은 거의 없다.

한번은 이런 일이 있었다. 교사 대상 성교육 강연 후 한 남자 교사가 이런 질문을 던졌다. "초등학교 5학년이 되면 여자아이들이 가슴이 나오고 신체적으로 성장합니다. 자신의 신체적 성숙을 잘 인지하지 못한 여자아이들이 종종 업어달라고 하거나 안겨올 때는 나도 모르게 신경이 쓰입니다. 저도 아무래도 남자이다 보니… (웃음) 조숙한 여자아이들에게 어떻게 교육을 시켜야 할까요?"

내가 이 질문을 받고 놀라웠던 것은 이 교사가 단 한순간도 자신이 '소아성애자'로 오해받을 수도 있다는 걱정을 하지 않았다는 점이었다. 아마 미국에서라면 그는 당장 상담치료를 시작해야 했을 것이다. 그러나 그의 관심은 '그 여자아이들을 어떻게 교육시켜야 하는지'에 있었지 '초등학교 교사로서 자신이 이런 감정을 느끼는 게 적절한지'에 있지 않았다.

약자가 된 가해자

화학적 거세를 옹호하는 또 다른 논리로는 '통제하기 어려운 성충동'을 약물로 조절할 수 있다는 믿음이다. 성폭력 사건 판결문에는 종종 "참을 수 없는 성충동" 혹은 "정욕에 못 이겨…" 등의 표현이 등장한다.

실제로 세 명의 10대 소녀를 성추행한 혐의로 수감된 제임스 젠킨스는 인지 행동 치료와 심리 요법을 받았지만 별다른 효과가 없었고, 자신을 끊임없이 괴롭혀온 부적절한 성적 환상과 욕망으로부터 벗어나기를 간절히 원했다. 그는 결국 재판 전날 면도칼로 자신의 성기를 잘라버렸다. 젠킨스는 스스로 외과적 거세를 실시한 후에야 비로소 자유로워진 느낌이라고 고백했다. 이런 경우라면 약물 투여가 재발 방지를 위해 확실히 도움이 되기도 할 것이다.

김수철의 경우도 화학적 거세보다는 가해자 심리치료와 아동 돌봄 시스템 구축이 훨씬 근본적인 해결책이라는 비판[7]이 무색하게도 출소 후 정신과 상담을 꽤 성실하게 받은 것으로 알려졌다. 그는 출소 후 정신과 상담을 받는 등 심리치료를 위해 애썼지만 별다른 효과가 없었으며, "내 안에 괴물이 살고 있다"며 자신이 통제할 수 없는 강한 충동을 고백하기도 했다.

그런데 여기서부터 본말이 전도되기 시작한다. 이 법안은 우리가 처벌하기를 원하는 무시무시한 범죄자에게는 별 소용이 없고, 자신의 충동을 스스로 통제하지 못하는 "정신박약mental incompetents"[8]에 대한 처벌이자 치료법으로 둔갑한다. '화학적 거세'가 인간의 보편적 인권을 침해할 우려가 있는 법안인 이유는 바로 여기에 있다. 그보다는 복수심에 불타 요구되었던 성범죄자 '거세'가 법제도 안에서 순치되는 과정에서 약자혐오의 담론을 생성하는 것이다. 즉 가해자의 얼굴은 무시무시한 야만인에서 자신의 몸 하나도 간수하지 못하는 약자로 변모하고, 미처 충족되지 못한 복수심은 그에 대한 혐오와 분노를 그대로 간직하게 된다. 그리고 이 같은 약자혐오 담론 속에서 상처받는 것은 가해자가 아니라 우리의 인간성일 것이다. 우리는 지난 파시즘의 역사에서 인간의 '취약함'이 사회악의 원인으로 지목되었을 때 어떤 일이 생겼는지를 기억해야 한다. 20세기 초 우생학 운동은 과학을 통해 사회를 정화할 수 있다는 믿음 속에 6만여 명의 여성 장애인에게 불임 시술, 즉 '거세'를 강요했다. 제2차 세계대전 당시 독일군 암호체계를 뚫은 영웅이자 알고리즘을 창안한 천재 수학자 앨런 튜링은 동성애자라는 이유로 강제적으로 화학적 거세를 받고 부작용에 시달리다 1953년 자살했다.

'진정한 거세'의 의미

화학적 거세를 둘러싼 이 대대적인 소동은 '거세'라는 말이 지닌 상징적 의미 때문이다. 거세 조치에 대한 논란과 반응은 역설적으로 남성 성욕의 저장고이자 실행 기관으로서 남근이 가지는 절대적인 위상을 재각인한다. 강력한 성충동에 대한 신화를 고착하는 표현은 몸에 대한 정신의 상대적 우월성을 주장하는 몸/마음의 이분법을 재생산하면서, 몸 안의 모든 감각 중에서도 남근 중심적인 성충동의 힘을 과잉 승인해주는 효과가 있다. 감각의 경험적 한계를 초월한 정신을 획득해야 진정한 인간으로 계몽될 수 있다는 칸트식 이성 중심주의에서 열정과 정념 같은 감각 에너지는 극복 대상이다. 가해자가 종종 자신을 충동에 못이긴 패배자이자 약자이며 진정한 피해자라고 주장하는 것은 바로 이런 담론 구조 속에서 가능하다.

한국의 성범죄자들이 종종 취하는 '약자'로서의 자기 포지션은 전혀 성찰적이지 않고, 오히려 피해자를 비난하거나 자기 행동에 대한 책임을 부인하는 매우 도착적인 방식으로 이루어진다. 그리고 강력하고도 통제할 수 없는 남근 이미지의 힘이 바로 이런 책임 전가에 가장 큰 도움을 준다. 내가 만났던 아동 성범죄 가해자들은 자신을 약자로 위치 변환시키면서 책임 능력이 없다고 스스로를 부인하며 동정을 호소하다가도 1초 만에 자신의 강력한 성충동을 은근히 과시했다. "내 마음은 약하지만 내 몸(과 성기)은 강하다"는 식의 이분법적 사고방식 없이는 불가능한 행동이다.

조셉 F. 스미스의 지적처럼 남근이 성범죄를 저지를 수 있는 유일한 수단은 아니다. 따라서 '화학적 거세'라는 명명은 대중적 사기이다. 대중이 성범죄자들을 '거세'하자고 할 때 그 의미는 단순히 테스토스테론의 95퍼센트를 생성한다고 알려진 고환에 약물을 주입하거나 여성호르몬을 주입하여 성욕을 '감퇴'시키자고 말하는 것이 아니다. 대중이 원하는 '거세'는 페니스라는 생물학적 기관이 아니라 남근으로 대표되는 성충동의 활력과 에너지, 권력을 제거하는 것을 의미한다. 바로 그런 맥락에서 남성 특권을 제약하는 차원의 거세에는 찬성하나, 화학적 거세라는 '사기'에는 반대한다.

나는 강간을 가능하게 만드는 성범죄자의 활력과 에너지, 권력이 생성되는 바로 그 지점을 제거하는 것이 '진짜' 거세의 의미라고 생각한다. 예를 들어, 강용석에게 국회의원 자격을 박탈하여 토론대회에 나간 여대생과 아나운서에게 성희롱할 수 있게 한 에너지와 권력의 근원을 제거하는 것, 친족 성폭력의 가해자인 아버지에게 친권을 빼앗는 것, 취업 상담을 핑계로 제자에게 술을 먹이고 노래방에 데려가 강간하려는 교수를 해임시키는 것, 그런 것이 '진짜' 거세의 의미다. 여기에서 남근은 하나의 은유일 뿐이다. 그런 면에서 만약 김수철과 조두순에게 남은 특권이 오직 남근 하나라면, 우리가 거세해야 할 것은 그의 남근이어서는 안 된다. 오히려 우리는 그들의 남근에 집중된 상징적이고도 사회적인 의미를 제거해야만 '진짜' 거세에 성공할 수 있다.

여자는 무엇이든 될 수 있다

얼마 전 군인 대상 교육 중 한 분이 손을 들고 이렇게 말했다. "솔직하게 말씀드리면, 우리는 인식의 변화 같은 것보다 사고가 나지 않을 수 있는 확실한 매뉴얼이 필요합니다." 많은 사람이 성폭력이 사회적으로 함께 해결해가야 하는 문제라는 데에는 공감하지만 좀 더 효과적이고 즉각적인 처방을 원하는 목소리도 점점 커지고 있다. 화학적 거세, 전자발찌, 신상 공개 등은 그런 목소리가 반영된 결과였을 것이다. 이 장치들이 즉각적인 효과를 발휘하는 것처럼 보였던 이유는 가해자의 힘을 물리적·사회적으로 제거하려는 의도가 도드라졌기 때문이다. 물론 그 의도와 무관하게 가해자들은 화학적 거세를 당해도 "내게는 손도 있고 뇌도 있고 다른 무기도 있다"며 비웃기도 하고 전자발찌를 끊고 도망가기도 하며, 신상 공개 명단을 확인해봐야 두려움만 커질 뿐 할 수 있는 일이 없다. 즉각적 효과를 발휘할 것이라는 환상을 충족시켜줄 뿐이다.

여자의 힘 기르기 효과

그렇다면 가해자의 힘을 축소하고 제거하는 것이 아니라, 여자의 힘을 기르는 방식은 어떨까? 여성주의 자기방어운동feminist self-defense movement은 이런 문제의식에서 시작되었다. 기존의 젠더 이분법에 의거한 강간문화는 여자는 약하고 상처받기 쉬운 몸을 가졌고 남자는 강하고 공격적인 몸을 가졌다고 전제하고, 여자를 잠재적 피해자로 남자를 잠재적 가해자로 간주한다. 하지만 여자들이 반격하기 시작하면 상황은 어떻게 변할까? 여자들은 더는 쉬운 타깃이라고 생각되지 않을 것이고, 방심했기 때문에 반격이 더 효과적일 수도 있다. 여성의 몸은 자기방어훈련을 통해 새로운 자기 이미지를 만들어갈 수 있다. 이 프로그램에 참여한 많은 이가 자기방어훈련으로 자신감이 생겼고 무작위의 공포심을 조절할 수 있게 되었으며 자신의 몸을 더 사랑하게 되었다고, 그리고 무엇보다 즐거웠다고 말했다. 그리고 자신이 이 프로그램에 참여한다고 했을 때 남성들은 비웃고 가족은 걱정스러워했지만 다른 여성들은 궁금해하고 격려했다고 답했다.[1] 이런 연구는 여성주의 자기방어운동이 실제로 효과적이고 위협적일 수 있다는 점을 시사한다. 한국에서도 한국성폭력상담소에서 2003년부터 여성주의 자기방어훈련을 시도해왔다. 나 역시 그 기획에 참여하면서 내 몸의 힘을 발견하고 사용해보고 위험 상황의 대처방법을 시뮬레이션해보는 즐거운 시간을 가졌다. 여기서 '즐겁다'는 것이 가장 중요하다. 전에는 위험상황을 떠올리면 분노하거나 짜증을 내거나 공포심을 느꼈는데, 자기방어훈련을 받으면서는 그런 감정보다는 '내가 해낼 수 있을까' 하며 마치 경기장에 나가는 것 같은 살짝 긴장감이 들었고, 그런 감정 변화가 정말 즐거웠던 기억이 생생하다.

여자의 몸, 여자의 공간

여성에게 체육 활동이 허용됐을까? 예상대로 아주 오랫동안 여성에게 체육 활동은 금지되었다. 올림픽을 기준으로 이야기해 보자면 기원전 876년 그리스 올림피아에서 4년에 한 번씩 개최되었던 고대 올림픽은 서기 393년 제293회까지 500년 이상 이어졌는데, 이 기간 동안 여성은 출전은커녕 관람조차 금지되었다. 올림픽에 출전한 아들을 응원하기 위해 몰래 남장을 하고 경기장에 들어간 어머니가 사형을 당했다는 기록이 있을 정도이다. 여성의 연약한 체질은 체육 활동에 맞지 않다고 생각되었고 여성이 땀 흘리는 것은 비위생적이고 여성적이지 않다는 이유로 용납되지 않았다.[2] 여성의 체육 활동은 여성의 정치적 권리가 주장되고 관철되기 시작한 19세기 무렵 허용되기 시작한다. 1900년 파리 올림픽에 최초로 여자 선수가 골프와 테니스 경기에 참여했고, 전쟁으로 인해 여성 체육 활동에 대한 사회적 금기가 점차 풀린다. 이후 1924년 파리 올림픽에 135명의 여자 선수가 출전했으며, 제2차 세계대전 이후 열린 1948년 런던 올림픽에는 여자 선수가 390명으로 급증한다.

이 같은 변화는 1970년대에 북미와 유럽의 10대 여성에게 체육 활동 시간을 늘린 결과 우울증, 마약, 원치 않는 임신, 폭력 등의 위험이 줄었다는 연구 결과가 속속 발표되면서 더욱 가속화하기 시작한다. 1972년 미국에서는 교육과정에서 여성과 남성의 체육 활동 지원을 평등하게 하라는 Title 9 법안이 통과되었고 이후 10대 여성의 참가율이 여섯 배 이상 증가하기도 한다.

1991년 올림픽위원회에서 새로 신설되는 종목은 반드시 남녀 부문이 존재하도록 규정을 만들면서 올림픽에서 성평등은 가속도를 낸다. 1996년 애틀랜타 올림픽은 100주년을 기념하여 26개 종목 중 21개 종목에 여성 참가가 허용되었고, 여성 참가 선수 비율이 34퍼센트로 급증했다. 2012년 런던 올림픽은 26개 종목 모두에 여성 출전이 가능해졌고, 이슬람권을 포함하여 모든 출전 국가에서 여자 선수단을 파견하여 비로소 숫자로나마 성평등 올림픽에 근접했다는 평가를 받는다. 최근 들어 각광받은 여성 이미지도 점차 마른 여성보다 잘 관리된 근육질 여성이 선호되는 경향이다. 나이키는 'she runs' 캠페인으로 많은 여성의 지지를 받았고, 테니스 선수 마리아 샤라포바의 'I feel pretty' 광고는 경기장의 마스코트이자 향기로운 꽃으로 취급받던 여자 선수를 둘러싼 농담에 정면으로 맞선다. 이어폰을 꽂고 웨어러블 기기를 몸에 착용하고 조깅하는 여성은 자유롭고 강인하고 아름답게 그려진다.

그러나 신자유주의 사회에서 소비문화의 주체이자 자기계발의 화신으로 동등한 기회를 마음껏 누리고 있는 강인한 '알파걸'들이 과잉 가시화된 것은 여성 대부분에게 그다지 좋은 영향을 미치고 있는 것 같지 않다. 최근 여성혐오문화의 세계적 추이를 보면 말이다. 1970년대 시작된 여성주의 자기방어운동이 소강기를 거쳐 2000년대 중반부터 다시 활성화한 배경에는 신자유주의 이행 과정에서 사회 안전망 파괴와 양극화 심화, 여성 체육 활동에 대한 문화적 저항 해소, 무기력한 피해자에 머물지 않고자 하는 여성의 욕망, 여성혐오문화 확산, 점점 잔인해지는 범죄 양상 등 많은 이유가 있을 것이다. 야망 있는 젊은 여성은 페미니즘 없이도 경제적으로 성공하고 문화적으로 매력을 가지며 사회적으로 인정받을 수 있다고 생각하고, 더는 피해자·약자·소수자와 동일시하기를 거부한다. 일례로 2014년 미스 아메리카로 선출된 니아 산체스는 "최근 19퍼센트의 여대생이 성폭력범죄 피해를 입었다는 〈타임〉지 기사에 대해 어떻게 생각하냐"는 질문에 "여자 스스로 지켜야 한다"고 답하며 여덟 살 때부터 배운 태권도가 자신감을 주었다고 말해 당시 캠퍼스 성폭력 문제로 골머리를 앓고 있던 대학생 페미니스트의 공분을 샀다. 산체스는 성범죄의 책임을 여성에게 다시 전가한다는 격렬한 항의("강간 문화가 다시 승리했다")를 받았지만, 다른 의견도 있었다. 여성 언론 〈The Broadside〉를 운영하는 제리퍼 리는 '계급, 페미니즘 그리고 미스 아메리카'라는 글에서 "산체스가 공격받은 것은 그녀가 페미니스트 언어에 익숙하지 않고 학위도 없이 본인의 생각을 있는 그대로 이야기했기 때문이며, 사실 그녀의 대답은 1970년대부터 시작된 여성주의 자기방어운동의 신념을 그대로 계승하고 있다"[3]고 옹호한다.

힘이 아니라 역량 강화

"피해자에게 책임을 지우는 것이 아닌가?"라는 물음은 여성주의 자기방어운동이 지난 30년 동안 받았던 의심이기도 하다. 사회학자 조셀린 홀랜더는 여성주의 자기방어를 둘러싼 사회적 저항을 세 가지 문장으로 요약한다. "불가능하다It's Impossible, 너무 위험하다It's too dangerous, 피해자에게 책임을 전가한다It's victims blaming." 피해자 책임론에 대한 우려뿐만 아니라 자기방어운동을 둘러싼 실질적 걱정도 많다. 반격이 가능하기는 할까? 더 큰 위험에 빠지는 것은 아닐까? 성폭력의 80퍼센트 이상이 아는 사람에 의해 일어나는데, 설령 자기방어훈련을 받았다고 해도 모르는 사람에 의한 공격만을 상상하는 건 아닐까? 피해자에게 제대로 저항했어야 한다는 피해자 책임론을 반복하는 것은 아닐까? 여성과 남성의 신체적 차이를 다시 남성 기준에 맞추는 일은 아닐까? 장애인이나 아픈 사람은 어떻게 할 것인가?

이런 질문은 많은 경우 여성주의 자기방어운동의 목표를 남자와 동일한 신체적 힘power이라고 오해하기 때문에 발생한다. 여성주의 자기방어훈련의 핵심은 "자기 몸의 현재적 위치성"을 기반으로 그 몸의 사용법을 익히는 것이다. 여성주의 자기방어훈련은 신체적으로 완전히 상대를 제압하는 것이 목적이 아니라, 자신의 신체를 더 효과적으로 사용하여 위기상황에서 대처할 능력ability을 키우는 것에 초점을 맞춘다. 피해자 책임론 혹은 유발론은 피해자가 애당초 질 수도 없는 책임을 지우고 비난하여 성폭력 문제를 비가시적으로 만드는 데 영향을 미칠 뿐만 아니라, 피해를 적극적으로 예방하고 피해 이후의 자신감과 두려움을 해결하고자 하는 노력을 무가치하게 만든다는 점에서도 유해한 담론이다. 여성주의 자기방어훈련은 피해자에게 책임을 지우려는 것이 아니라 역량을 강화empowerment하려는 것이며, 남자와 동일한 힘을 갖기 위해 하는 것이 아니라 여자의 몸을 둘러싼 젠더 이분법적 제한을 풀어보려는 도전이다.

2003년부터 여성주의 자기방어운동을 펼치며 인도, 캐나다, 스페인 등 8개국 언어로 자기방어 셀프케어 매뉴얼을 발간하고 있는 〈CREA〉는 성폭력 위협으로부터 여성이 자유롭기 위해서는 위험의 실체에 직면할 수 있어야 하며, 이를 위해 내가 누구이고 왜 그런 행동과 마음을 가졌는지에 대한 집단적 의식 고양 작업이 필요하다고 주장한다. 여성으로서 나는 어떻게 만들어져왔는지, 어떤 순간에 어떤 행동이 착한 소녀라고 칭찬받기 '적절한' 행동이라고 배워왔는지를 되짚어보는 것이 무엇보다도 중요하다는 말이다. 앞서 말한 신자유주의 시대에 만들어진 새로운 젠더 체제의 행위자로 잘 관리된 몸을 가지는 데 머무르지 않기 위해서라도 자기방어훈련이 여성주의 의식 고양 과정이 될 수 있다는 점은 중요하다. 젠더 규범의 문화적 관행을 단지 비판하는 것에 그치지 않고 새로운 가능성을 탐색해보는 과정은 개인적인 동시에 집단적이어야만 효과적이기 때문이다.

주

달리기 시합

1 2019년 1월 9일 심석희 쇼트트랙 선수의 미투를 시작으로 체육계 미투가 공론화되었다. 이 글은 체육계 미투운동에 나선 선수들을 응원하는 마음으로 썼다.

피해라는 날개와 발톱

1 대문자 여성이란 문화적이고 이데올로기적으로 구성된 타자로서 개념화된 여성을 의미한다. 소문자 여성이란 여성의 집단적 역사에 대한 실제적이고 물질적인 주체로서의 여성을 의미한다. 찬드라 탈파드 모한티, 《경계없는 페미니즘》, 문현아 옮김, 도서출판 여이연, 2005, 38쪽 참조.

페미니즘 없이 민주주의 없다

1 2017년 7월 5일 개최된 '2017 함께서울 정책박람회'의 〈서울, 민주주의를 배우다〉 민주주의 특강을 글로 옮겼다.

페미니즘 실천은 웃어주지 않는 것에서부터

1 김은실, 〈한국 남성 지식인 사회의 도착〉, 《볼 BOL》 1호, 한국문화예술위원회, 2005.

2 마사 누스바움, '대상화와 인터넷상의 여성혐오', 《불편한 인터넷》, 김상현 옮김, 에이콘, 2012, 120~121쪽.

3 마사 누스바움, 《감정의 격동—연민》, 조형준 옮김, 새물결, 2015, 734~743쪽.

4 Ann J. Cahill, *Overcoming Objectification: A Carnal Ethics*, Routledge, 2011, p. 34.

5 뤼스 이리가레, 《사랑의 길》, 정소영 옮김, 동문선, 2009, 76쪽.

백래시 시대를 사는 법

1 '(사설) 헌법 36조를 지켜라', 〈크리스천투데이〉, 2017년 8월 1일.

어떤 과잉과 강박들 — 인터넷, 포르노, 남성섹슈얼리티

1 앤소니 기든스, 《현대사회의 성 사랑 에로티시즘》, 배은경·황정미 옮김, 새물결, 2001, 186쪽.

2 같은 책, 189쪽.

화학적 거세? 아무것도 거세하지 못한다

1 2010년 6월 7일 초등학교 1학년 여자아이가 학교에서 동네 아저씨에게 납치당하는 사건이 일어났다. 아이는 학교에서 단 1킬로미터 떨어진 가해자의 집에 끌려갔고, 의료진의 표현에 따르면 "회복하기 어려울 정도의 상처"를 입었다. 온 국민의 분노를 자아냈던 조두순 사건의 악몽이 고스란히 재현된 셈이다. 더구나 이 사건의 범인 김수철이 가출한 10대 여학생을 성매수하여 동거 중이었고, 15세 남학생을 강제추행하는 등 특히 미성년자 대상 성범죄를 상습적으로 저질렀다는 사실이 알려지면서 아동 성범죄자에 대한 특단의 대책이 필요하다는 여론이 형성되었다.

2 DeWayne Wickham, 'Castration often fails to halt offenders', 〈USA

TODAY〉, 2001.09.03.

3 2007년 여성부와 형사정책연구원이 전국 9847가구를 대상으로 조사한 전국 성폭력실태조사의 결과 참조.

4 Charles L. Scott, MD and Trent Holmberg, MD, 'Castration of Sex Offenders: Prisoner' Rights Versus Public Safety', *J Am Acad Psychiatry Law 31(4),* 2003, pp. 502~509.

5 이 수치는 이들은 아동 성범죄 신고율을 10퍼센트라고 최대치로 둘 때 40퍼센트 기소율과 36퍼센트 구속율, 동종범죄 재범율 14퍼센트로 보고 산출한 것이다.

6 한 달에 22만 원, 연간 300여만 원이 드는 호르몬 억제제는 본인부담원칙이 적용된다. 법무부에서는 시행 첫해 예산을 9억 원으로 보고, 이후 15억 원까지 증가할 것이라고 발표했다. 그러나 화학적 거세 조치를 심리치료와 인지행동치료 등과 연계하여 효과를 극대화하기 위해서는 이보다 훨씬 더 많은 예산이 소요될 전망이다.

7 '화학적 거세란 치명적 유혹', 〈한겨레21〉 제822호, 2010년 8월 6일. '아동 성폭력 가해자 중 성도착증 환자는 적다', 〈한겨레21〉 제822호, 2010년 8월 6일.

8 지적장애인 혹은 정신장애인이라고 부르는 것이 올바른 호칭이나, 여기에서는 편견을 재생산하고 있다는 점을 강조하기 위해서 정신박약이라는 단어를 사용했다.

여자는 무엇이든 될 수 있다

1 Jocelyn A. Hollander, 'The Roots of Resistance to Women's Self-Defense', *Violence Against Women,* Vol. 15, No. 5, May 2009, pp. 574~594.

2 Judith Swaddling, *The Ancient Olympic Games,* University of Texas Press, 2008.

3 www.the-broad-side.com/class-feminism-and-miss-usa-nia-sanchez-jenniferlee

글 출처

1장 나는 내가 누구인지 말하지 않기로 했다

- 눈을 마주치고 난 후 ◊ 2017년 11월 21일 〈씨네21〉 제1131호
- 나는 내가 누구인지 말하지 않기로 했다 ◊ 2017년 7월 25일 〈씨네21〉 제1115호
- 달리기 시합 ◊ 2019년 1월 23일 〈씨네21〉 제1190호
- 부모 성을 함께 쓰는 이유 ◊ 2019년 5월 21일 〈씨네21〉 제1206호
- 아빠가 나서야 해 ◊ 2019년 4월 10일 〈ㅍㅍㅅㅅ〉
- 그것은 선의가 아니다 ◊ 2019년 8월 27일 〈한겨레〉
- 여자답게 헤어질 수 있는 방법은 없다 ◊ 2007년 2월 2일 〈한겨레21〉 제646호
- 모두의 생명에 대한 예의 ◊ 2019년 4월 24일 〈씨네21〉 제1202호
- 모르는 게 없는 남자들 ◊ 2017년 10월 26일 〈씨네21〉 제1127호
- 브리트니 스피어스, 그 여자에게 내려진 이중명령 ◊ 2008년 1월 〈매거진T〉
- 누가 박경원을 추락시켰나 ◊ 2006년 1월 17일 〈한겨레21〉 제593호
- 여자들의 우정을 그리는 방식 ◊ 2018년 2월 20일 〈씨네21〉 제1143호

2장 우리는 쓰고 또 쓰는 수밖에 없다

- 이 정도로 까다롭고 예민하다고 하다니 ◊ 2018년 1월 16일 〈씨네21〉 제1139호
- 알고자 하는 용기 ◊ 2018년 10월 30일 〈씨네21〉 제1178호

· 토론이란 무엇인가 ◊ 2019년 2월 22일 페이스북
· 우리는 쓰고 또 쓰는 수밖에 없다 ◊ 2018년 3월 20일 〈씨네21〉 제1147호
· 가족의 사랑만으로 할 수 없는 일 ◊ 2018년 12월 25일 〈씨네21〉 제1186호
· 존엄한 취향 ◊ 2018년 7월 10일 〈씨네21〉 제1163호
· 캡틴, 나의 캡틴 ◊ 2019년 3월 27일 〈씨네21〉 제1198호
· 빚도 짐도 아닌 ◊ 2006년 12월 21일 〈한겨레21〉 제640호
· 혁명과 부역 ◊ 2018년 6월 12일 〈씨네21〉 제1159호
· 왜 여성 인권인가 ◊ 2004년 7월 〈민주사회를 위한 변론〉 2004년 7·8월호
· “18세를 깔보지 마라” ◊ 2019년 1월 8일 〈한겨레〉
· 더 많은 여성 정치인이 필요하다 ◊ 2018년 5월 15일 〈씨네21〉 제1155호

3장 피해와 가해의 디스토피아

· 《82년생 김지영》이 우리 사회에 던진 질문 ◊ 2019년 1월 〈지큐코리아〉
· 여성도 권력이 필요하다지만 ◊ 2019년 4월 9일 〈한겨레〉
· 역차별은 없다 ◊ 2018년 10월 16일 〈한겨레〉
· 모두 얼마 받고 있습니까 ◊ 2019년 6월 4일 〈한겨레〉
· 남한 영화의 북한 여성 ◊ 2018년 10월 2일 〈씨네21〉 제1174호
· 가족 같은 분위기 ◊ 2017년 12월 19일 〈씨네21〉 제1135호
· 피해와 가해의 디스토피아 ◊ 2017년 9월 19일 〈씨네21〉 제1123호
· 무지의 특권에서 혁명적 정직성으로 ◊ 2017년 8월 7일 〈한겨레21〉 제1173호
· 짙은 안마 ◊ 2007년 1월 5일 〈한겨레21〉 제642호
· 여자의 뇌, 남자의 뇌 ◊ 2017년 6월 27일 〈씨네21〉 제1111호
· 개똥녀 괴롭히면서 즐거우셨나요 ◊ 2005년 6월 21일 〈한겨레21〉 제564호
· 경찰이 우리를 지켜줄 거라는 믿음이 사라진 날 ◊ 2018년 9월 11일 〈한겨레〉
· 정확히 호명하고 제대로 질문하기 ◊ 2018년 5월 31일 〈국방일보〉

4장 너무 쉬운 공감을 의심한다

- 무엇이 우리를 인간이게 하는가 ◇ 2018년 9월 4일 〈씨네21〉 제1171호
- 타인의 죽음이 내 삶에 들어올 때 ◇ 2019년 5월 7일 〈한겨레〉
- 타인의 고통에 내가 더 상처받을 때 ◇ 2018년 11월 27일 〈씨네21〉 제1182호
- 타인의 고통을 듣는 자가 가져야 할 태도 ◇ 2003년 11월 〈민주사회를 위한 변론〉 2003년 11·12월호
- 너무 쉬운 공감을 의심한다 ◇ 2004년 7월 〈진보넷〉
- 몰랐을 리 없다 ◇ 2019년 7월 16일 〈씨네21〉 제1214호
- 피해라는 날개와 발톱 ◇ 2004년 7월 언니네 채널넷 특집
- "내 삶은 너의 포르노가 아니다" ◇ 2018년 8월 7일 〈씨네21〉 제1167호
- 양진호의 폭행 피해자는 알고 있었다 ◇ 2018년 11월 13일 〈한겨레〉
- 안희정과 재판부가 유죄다 ◇ 2018년 8월 14일 〈한겨레〉
- 성인지감수성과 두 개의 점 ◇ 2019년 2월 12일 〈한겨레〉
- 그녀는 당신의 남편에게 반하지 않았다 ◇ 2019년 3월 4일 〈아이즈〉
- 양현석과 YG 패밀리의 유산 ◇ 2019년 7월 2일 〈한겨레〉
- 장자연 사건 이후 잃어버린 10년 ◇ 2019년 3월 12일 〈한겨레〉

5장 여자는 무엇이든 될 수 있다

- 페미니즘 없이 민주주의 없다 ◇ 2017년 7월 9일 〈허프포스트코리아〉
- 동성애자는 국민을 대표할 수 있는가 ◇ 2008년 3월 21일 〈한겨레21〉 제702호
- '말하기'의 의미투쟁 ◇ 2013년 12월 《2013년 성폭력생존자말하기대회 10주년포럼: 세상아 들어라 나는 말한다, 이후 10년 자료집》
- 메갈리아와 미러링 그리고 정치적 올바름에 대해 ◇ 2016년 9월 30일 〈르몽드 디플로마티크〉
- 페미니즘 실천은 웃어주지 않는 것에서부터 ◇ 2017년 5월 16일 〈여성신문〉
- 백래시 시대를 사는 법 ◇ 2017년 12월 《여성학논집》 제34집 2호

- **어떤 과잉과 강박들—인터넷, 포르노, 남성섹슈얼리티** ◊ 2009년 3월 미발표 원고
- **화학적 거세? 아무것도 거세하지 못한다** ◊ 2010년 9월 3일 〈르몽드 디플로마티크〉
- **여자는 무엇이든 될 수 있다** ◊ 2014년 한국성폭력상담소

다시는 그전으로 돌아가지 않을 것이다

1판 1쇄 발행일 2019년 10월 28일
1판 4쇄 발행일 2020년 8월 3일

지은이 권김현영

발행인 김학원
발행처 (주)휴머니스트 출판그룹
출판등록 제313-2007-000007호(2007년 1월 5일)
주소 (03991) 서울시 마포구 동교로23길 76(연남동)
전화 02-335-4422 **팩스** 02-334-3427
저자·독자 서비스 humanist@humanistbooks.com
홈페이지 www.humanistbooks.com
유튜브 youtube.com/user/humanistma **포스트** post.naver.com/hmcv
페이스북 facebook.com/hmcv2001 **인스타그램** @humanist_insta

편집주간 황서현 **편집** 전두현 이영란 **디자인** 유주현
조판 이희수 com. **용지** 화인페이퍼 **인쇄** 청아디앤피 **제본** 정민문화사

ISBN 979-11-6080-302-0 03330

이 도서의 국립중앙도서관 출판예정도서목록(CIP)은 서지정보유통지원시스템 홈페이지(http://seoji.go.kr)와
국가자료공동목록시스템(http://www.nl.go.kr/kolisnet)에서 이용하실 수 있습니다.(CIP제어번호: CIP2019040003)